공업일본어 원서

李敎元 著

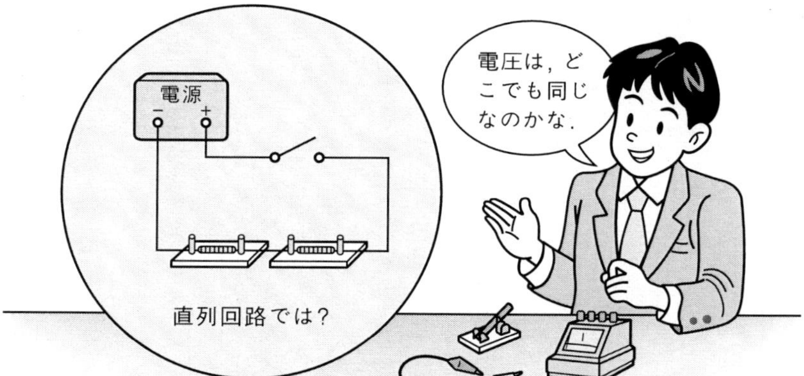

문운당

출판에 붙여

같은 나라말이나 글일지라도 지방에 따라 또는 대상이나 분야에 따라 표현의 차이가 있다. 그 한 예로 과학기술분야의 일본어를 들 수 있다. 과학기술분야의 일본어와 일반일본어와의 문형상 차이점과 구성에 대한 기초적인 비교는 공업일본어(문운당), 테크니컬일본어(형설출판사)에서 소개한 바 있다.

과학기술일본어는 표현의 대상이 주로 사물과 사물간의 관계인 반면, 일반일본어는 인간과 일간관계 또는 인간과 사물관계를 묘사하고 있다. 일반일본어의 표현 중 대부분은 인간의 감정이 깔려 있고 이것이 얽히고설켜 문장의 표현이 복잡한 경우가 많다. 그리고 이는 해석의 어려움을 가져오는 경우도 있고, 경우에 따라서는 역자의 감정을 가감할 수 있는 여유도 생긴다. 간혹 해석상 오류나 가감이 있더라도 독자들에게 경제적 피해를 주는 일은 아주 드물다.

그러나 과학기술일본어에서는 용납되지 않으므로 의사전달에 오류를 범해서는 안된다. 따라서 문장이 간결하고 감성을 나타내는 애매한 표현이 없으며, 문장구성이 획일적이고 단조로운 편이다. 만에 하나 표현이 복잡하거나 애매하여 해석의 오류나 가감이 있을 경우 실험실습의 역반응이나 부품의 역기능으로 인해 폭발·충돌의 위험성을 초래할 수도 있다. 이러한 역반응의 위험을 피하기 위해 과학기술분야의 일본어 공부는 공학적 측면에서 필수적이라 사료된다.

이 책은 일본어 기초교육을 이수한 사람을 대상으로 하여 편집하였다. 겉핥기식 번역을 피하기 위해 수리일본어 응용편을 마련하여 문제가 제시하고 있는 하나뿐인 정답을 찾기에 고민하도록 하였다. 과학기술분야로는 기계·전기·금속·자동차의 원서 중에서 문형상 특성을 지닌 부분만 발취하여 편집하였고, 번역의 도우미로 예문을 이용한 해설을 곁들였다. 그리고 독자의 지루함을 피하기 위해 일본어만화 싸이크링과 미니카 교습소도 마련하였다.

본문과 관련 있는 기술적인 표현의 예는 レスト・ハウス를 통해 제시하였고, 본문에서 다루지 못한 것은 핵심문형 (1), (2), (3), (4), (5)를 통해 번역의 예를 들었다.

아무쪼록 이 책을 접하는 분들이 일본어능력 향상은 물론이고 공업기술분야의 원서번역과 관련 지식을 넓히는 데 많은 도움이 되기를 기대한다. 끝으로 문운당 여러분께 감사드린다.

2010년 1월

저자

目　次

일본어산수 문장편

공업일본어 기계편

공업일본어 전기편

공업일본어 금속편

공업일본어 자동차편

일본어산수 문장편

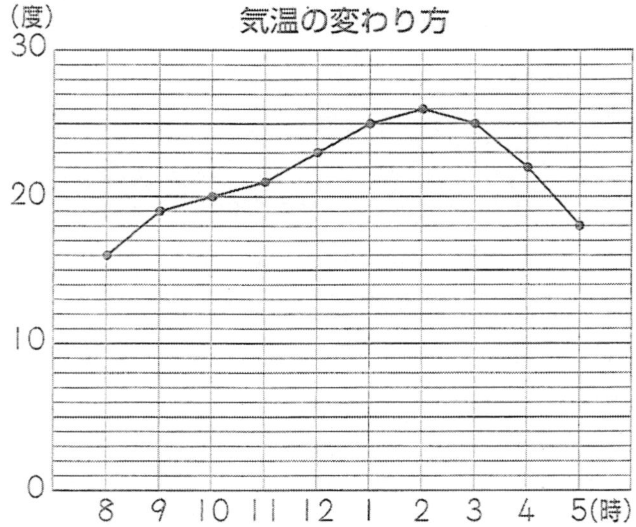

數란 참가자수, 이용자수등과 같이 물건의 개수를 셀 때 쓰이는 말이다, 이 數에 관한 학문을 數學이라하고 數學의 초보가 算數이다. 저자가 다년간 기술 원서의 번역 지도를 통해 느낀 점은 대부분의 학생들이 문장이 제시하고 있는 핵심을 이해하지 못하고 겉핥기식으로 얼버무리는 번역이었다. 그래서 본 교재는 초두에 문장식 산수문제를 편집하여 번역자가 문제의 정답을 찾을 때까지 고민하도록 하였다.

1. 1時間ごとに①気温とプールの水温をはかって②、折れ線グラフにまとめました。

(1)一番プールの水温がたかかった③ のは何時ですか。

(2)気温とプールの水温が最も違うのは何時で、違いは④ 何度ですか。

(3)気温とプールの水温では、どちらが変わりやすい⑤と考えられますか⑥

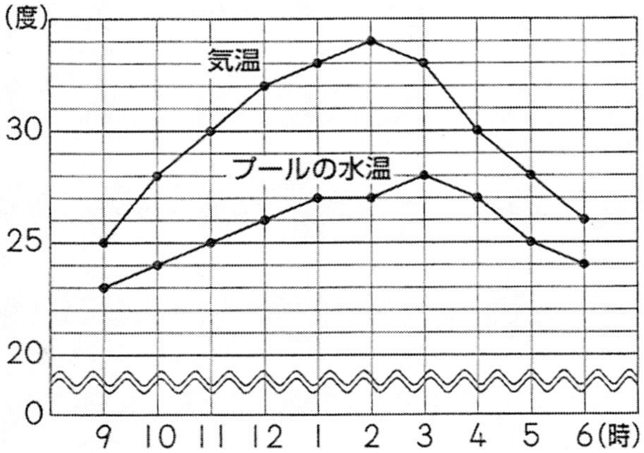

(4)一時間で最も気温が上がったのは、何時から何時の間ですか。

①「ごと＋に」~마다→「熱を一時間ごとに計る」열을 한시간마다 재다.

②「はかる→はかって」재어「計る」수나 시간에 쓰임→「時間を 計る」「測る」일반적인 계량에 쓰임→「長さを測る」 「量る」중량.질량,용량.체적에 쓰임→「かさや目方を量る」 「図る」목적.의지를 나타낼때 쓰임→「再起を図る」재기를 노리다.

③「高い→高かった＋のは」높았던 것은.비쌋던 것은→「一番気温が高かったのは何時ですか」제일 기온이 높았던 것은 몇시 입니까.

④「違う→違い＋は」틀림.차이는→「水温が最も違うのは何時で, 違いは 何度ですか」수온이 가장 다른것은 몇시이고 차이는 몇도 입니까.

⑤「変わる ＋やすい→かわりやすい」변하기 쉽다.

⑥「と ＋ 考える→」→「~と考えられる」 ~라 생각되다→「変わりやすいと考えられますか」변하기 쉽다고 생각 됩니까. ▶과학기술분야의 문장구성 에서는 애매함을 피하기 위해 수동의 뜻으로만 수동형을 쓴다.

2. 水460gに塩を入れてよくかきまぜると①、きれいにとけて、塩は見えなくなり②、塩水の重さは500gになりました。塩は何gいれた③でしょう。

①「掻く+ 混ぜる+と」→저어 섞으면 ▶과학기술일본어 문장중 조건형으로는 「동사+と」「れば」와「형용사＋と」「ければ」즉「まぜると」와「まぜれば」그리고「ないと」와「なければ」가 많이 쓰인다. 이것중「まぜると」와「ないと」는 전제조건에 긍정적인 결과가 오도록 설계되어 있거나 물리적.자연적으로 당연한 결과가 올경우 할용되고 「まぜれば」와「なければ」는 전제조건에 예측불가의 결과가 올수있는 경우 할용된다.
②「みえる→みえない＋なる」→「日が出ると星はみえなくなり」해가뜨면 별은 보이지 않게되고　　　③「入れる→いれた」넣은. 넣었다

3. 長さが2m50cmのはり金を切って、一辺の長さが4cmの正方形をつくります。ぜんぶでいくつできる①でしょう。また、何cmあまるでしょう。

①「できる」할수있다.생기다.되다　　「用事ができる」볼일이 생기다　「木でできている机」나무로 되어 있는 책상　「化合物ができた」화합물이 생겼다

4. 長さ150mの電車が走っています。この電車は、長さ750mのトンネルにはいりはじめてから①出てしまうまでに②何m走るでしょう。

①「はいる+ はじめる+ から」→「はいりはじめてから」들어오기　시작하고 나서
②　「出る+しまう+まで」→「出てしまうまでに」완전히 나갈 때 까지

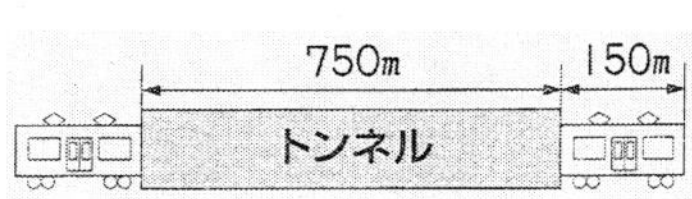

5. かどがみんな直角で、辺の長さがみんな同じ四角形を正方形といいます。一辺の長さが6㎝の正方形２つを、図のように辺の真ん中で重ねてできる①図形の面積を求めましょう。また重ねていない正方形の面積の和②を求めましょう。

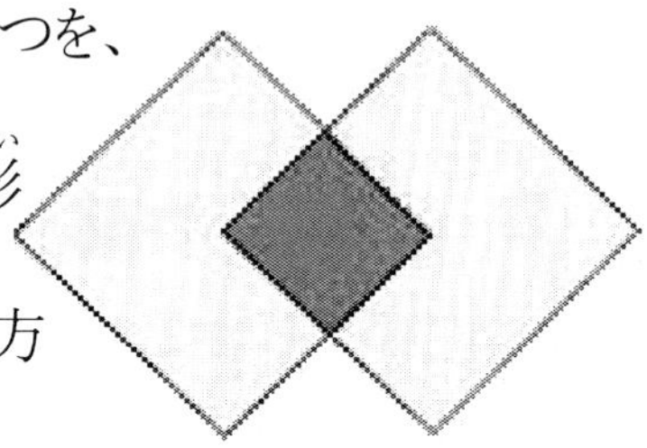

①「重ねる＋できる」겹처서 생기다(문제3참조)　　②「和」수치의 합

▶ 考えかた： 正方形の面積は３６㎠で，重ねている図形の一辺の長さは３㎝となる。

6. 東大原小学校の1年2組みの生徒は32人で、6つのグループに分かれて話し合いをすることになりました。できるだけ同じ人数に分かれるとき、何人のグループがいくつずつできますか。

▶ 考えかた：32人を6つのグループに分けると、32÷6=5 あまり 2となります。5人ずつ6つのグループをつくると2人あまりますから、この2人を1人ずつ入れたグループが2つできます。

7. 長さ180mの上り電車が、長さ160mの下り電車とすれちがいます。すれちがいはじめてから①、すれちがい終わるまでに、上り電車は150m走りました。下り電車は何m走ったでしょう。

①「すれる+ちがう+はじめる+から」→「すれちがいはじめてから」 스쳐 지나기 시작하고 나서

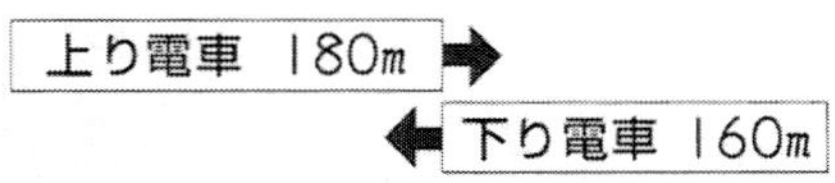

▶考えかた：「上り電車と下り電車の長さを合わせた長さを、2つの電車は走ります。そのうち、上り電車が150m走っています。答えの例：340m. 160m. 190m. 180m

8. 0, 2, 4, 6, 8の数字が書かれている５まいのカードがある。このカードをならべかえてできる①5けた②の数のうち、一番小さな数は何ですか。

①「ならべる+かえる+できる」→「並べ替えてできる」배열을 바꾸어 생기는(만들어지는),「遺伝子を組み替えてできるクローン人間」유전자를 조작해서 만드는 복제인간(문제3참조)
②「けた」숫자의 자리수
▶考えかた:一万の位は０にできないから一番小さな数は２である、

9． 北山へ登るには、西町、中町、東町からの３つのコースがあって、頂上までの道のりは、下の案内図のとおりです。

① 西町から北山へ登って、中町へおりると、全体の道のりは、どれだけ①になるでしょう。

② 東町から北山へ登って、西町へおりると、全体の道のりは、どれだけになるでしょう。

③ 西町から北山までと東町から頂上までとの道のりは、どちらが何km遠いでしょう。

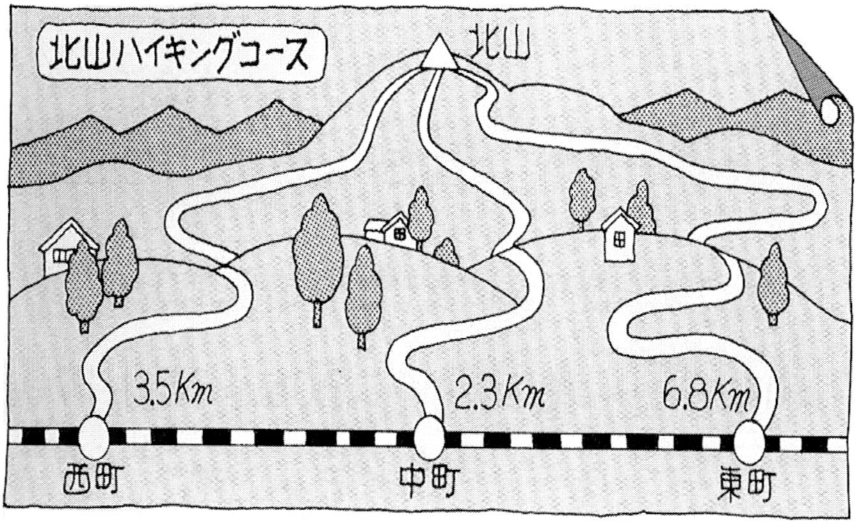

➡ 考えてみよう。

① 「距離」と「道のり」との違い

①「どれだけ」 측정치가 1개일 때→「どれだけありますか」 얼마입니까」, 2개 이상일 때는→「どれだけになりますか」 얼마가 됩니까」를 쓴다. 그리고 수치 계산의 경우는→「いくらですか、いくらになりますか、いくつ」를 쓴다.

10. かけ算では、かけられる数①とかける数を入れかえても②答えは同じである。また、３つの数のかけ算では、前からじゅんにかけても、あとの２つを先にかけても答えは同じである。

①「かける→かけられる＋数」곱해지는수」「削る→削られる」→「削られる鉛筆と削るカッター」깎이는 연필과 깎는 카터 ▶과학기술일원서에서 동사의 수동형은 수동의 뜻으로만 번역한다. 단 기능이 있는 제품의 취급설명서나 카다록의 경우는 예외이다.

②「入れる＋かえる＋ても」바꿔넣어도 「とる＋かえる」→「ヒューズをとりかえてもかわりがない」휴즈를 바꿔도 변화가 없다

11. ありは、自分の体重の50倍のものを持ち上げる① ことができる② そうです。

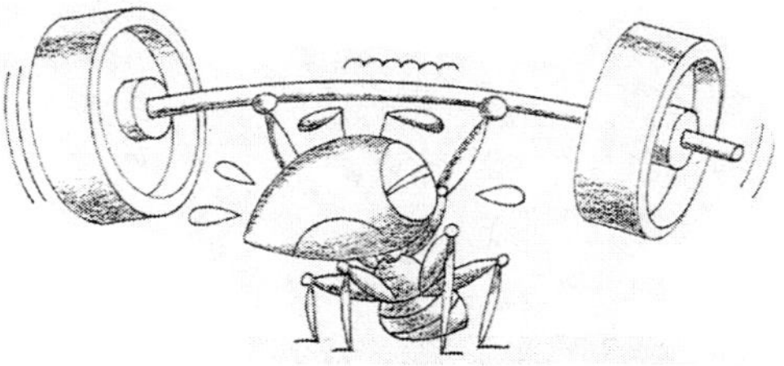

体重が0.05gのありは何gものを持ち上げることができるでしょう。

また、まさお君の体重は29.5kgです。もし、ありと同じような力が出るとすると③、まさお君は何kg持ち上げられるでしょう。

①「持つ＋上げる→持ち上げる」들어올리다 「引き上げる 」끌어올리다.「もち上げられる」들어 올리게 되다.(문제1참조)

②「동사＋ことが＋できる」하수있다 「持ち上げることができる」들어 올릴수가 있다.

③「出る ＋と＋する」난다고 하다 「力がでるとすると」힘이 난다고 하면

12. 42このたこやきを8人で同じ数になるように分け①、のこりはすべて、じゃんけんで勝った人が②一人占めします。じゃんけんに勝った人はたこやきを何こ食べられる③でしょう。

①「分ける」→「大きさによって分ける」크기에 따라 가르다　分かる: 英語が分かる。(영어를 알다)　②「食べる→たべられる」→「何個食べられるでしょう」몇 개먹게 될까요.(문제1참조)

13. 1ℓ(リットル)①ます②のやかんと1dℓ(デシリットル)ますのやかんを使って、いろいろな入れもののかさ③をはかってみましょう。小さいやかんには、2dℓますで、ちょうど5はい④の水がはいります。大きいやかんには、小さいやかんのちょうど2ばい⑤はいります。大きいやかんには、何dℓはいるでしょう。

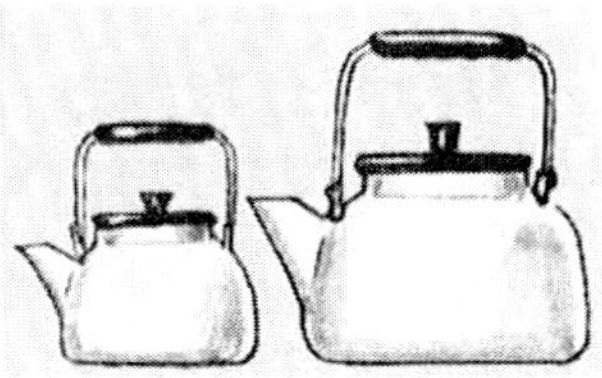

①「1ℓ(リットル)」=10dℓ(デシリットル)
②「ます」 곡물・액체 등의 양을 재는 목제 그릇(홉.되.말)
③「かさ」부피.분량→「荷物のかさが大きいほど」짐의 부피가 클수록
④「杯」술잔→「5杯はいりの瓶」다섯잔 들이의 병
⑤「倍」배→「6は2の3倍である」6은 2의 3배 이다
▶「答えの例」→10. 15. 20. 25

14. 36km/時の速さならば一秒間に進む距離は10mである。

あるときの速さが36km/時①であるといっても②、必ずしも実際に1時間で36km走ったということではない③。その割合で1時間走り続けたとすれば④36km進むような速さという意味である。

①「km/時」→ キロメートル毎」 또는 「キロメートルパーアワ」로 읽음.
②「～であると＋いう」→「～であるといっても]～라해도「新しい車であるといっても」새 차라고 해도
③「～という＋こと＋ではない」→「逆転したということではない」역전 했다는 것은 아니다
④「～たと＋する→たとすれば」→「歩き続けたとすれば」계속 걸었다고 하면

15. 月面上でも、物体をささえている手をはなすと、その物体は月面に落ちる。これも、月が物体を引っ張っているからである。月が物体を引く力も重力という。月は地球より小さいので、月面上ではたらく重力は地球上ではたらく重力の約 $\frac{1}{6}$ である。

1 地球上で60gの鉄球を、月面上ではかると重さは何gであろうか。

2 月面上で100g鉱石を、地球上ではかると重さは何gであろうか。

16. 重いという鋼や鉄も軽いというプラスチックも、たとえばそれぞれを100gずつとれば同じ重さである①。この場合、鋼や鉄が重く、プラスチックが軽いというのは、それぞれの体積を同じにして重さを比べた結果をいっているのである②。

①「とる→とれば・重い→重さ＋である」
②「言う→いって＋いる＋のである」→「時速とは時間当り走った距離をいっているのである」시속이란 시간당 달린 거리를 말하고 있는 것이다.

17. 物質1㎤あたり①の重さをその物質の密度という。密度の単位はg/㎤で、グラム毎立方センチメートルと読む。密度の値は物質によって決っているので、物質の種類を区別する手がかりになる②。たとえば、水は1㎤の重さが1gだから③、その密度は1g/㎤である。この値はどこでとった④水でも変わりがないが、水に食塩や砂糖などが溶けて水溶液になると、その密度の値は変わってくる⑤。

①「当る→当り」→「物質1㎤あたりの重さ」물질1㎤당무게 ②「手がかる＋に＋なる」단서.실마리「物資の種類を区別する手がかりになる」물질의 종류를 구별하는 단서가 된다. ③「だから=であるから」이므로 ④「とる→とった」→「どこでとった水でも」어디서 받은 물이라도 ⑤「変わわる＋くる→変わわってくる」바뀌어가다 ▶조건에따른 실험결과가 원하는 방향으로 바뀌어갈때「変わわってくる」반대인 경우는「変わわっていく」를쓴다.

18. 次の文の[　　]の中から正しいことばを選んで、 囲みなさい。

(1)明るいところで、光を出さないものが①見えるのは光が[直進.反射.屈折]するからである② 。

(2)鏡に自分のすがたが映るのは、光が[直進.反射.屈折]するからである。

(3)光をもので遮ると③,反射かわりに陰ができるのは④、光が[直進.反射.屈折]するからである。

(4)融点328℃の鉛と融点232℃のスズを溶かし合わせると⑤、[青銅 .鋼 .はんだ]ができる。

(5)水は融点(0℃)より温度が低い状態では氷であり⑥、沸点(100℃)より温度 が高い状態では[個体. 液体. 気体]となる⑦ 。

(6)鉄と硫黄を混ぜ合わせて⑧ 熱すると、激しい反応が起って元の物質とは違うべつの物質ができる⑨。このときできた物質は[酸化鉄. 硫化鉄]である。

①「出す→出さない＋もの＋が」→「ひかりをださないものが」빛을내지않는「~す＋から＋である」→「光が反射するからである」빛이 반사하기 때문이다. 「である」는~이다. ~인 ~하다. 「機械である」기계이다. 「人間機械であるロボット」인간기계인 로봇 「便利である」편리하다. ③「さえぎる＋と」→「光をものでさえぎると」빛을 물건으로 가리면(문제2참조) ④ 「できる＋のは」→「かげができるのは」그늘이 생기는것은 ⑤ 「溶かす＋合わせる ＋と」→「なまりとスズをとかしあわせると」아연과 주석을 녹여섞으면 ⑥ 「である→であり」→氷であり」얼음이고 ⑦ 「と＋なる＝に＋なる」~가(로)되다. ⑧ 「まぜる＋あわせる＋て」→「硫黄をまぜあわせて」유황을 섞어 ⑨「できる」할수있다.생기다. 되다. 「用事ができる」볼일이 생기다. 「木でできている机 」나무로 되어 있는 책상 「化合物ができた」화합물이 생겼다.(문제3참조)

レスト・ハウス (1)

数の読み方である、

● 「0」の場合、選びなさい。

①0点調整(れい・ゼロ・まる)　②0度バランス(れい・ゼロ・まる)

③0度　(れい・ゼロ・まる)　④摂氏0度　(れい・ゼロ・まる)

⑤ボーイング704 (れい・ゼロ・まる)

⑥プラジャーホテル101号室 (れい・ゼロ・まる)

「4」の場合、書きなさい。

①4番目　(　　　　)　②4等分　(　　　　)

③四角形　(　　　　)　④4×6=24　(　　　　)

⑤4月 4 日　(　　　　)　⑥4時4分4秒 (　　　　)

● 「7」の場合、書きなさい。

① 7 月 7 日　(　　　　)　②7×7=49　(　　　　)

③ 7 時7分7秒 (　　　　)　④3×7=21　(　　　　)

⑤七転八起　(　　　　)　⑥七面鳥　(　　　　)

⑦704号室　(　　　　)　⑧KAL707 (　　　　)

レスト・ハウス (2)

計算しなさい。

① 小数点 2位以下を切り捨てなさい。

例 3.1415→3.1

4.02→　　　　　　57.156→

5.213→　　　　　　41.914→

② 小数点 3位以下を四捨五入するといくらになるか。

例 16.146→16.15になる。

95.157→　　　　　　53.595→

0.327→　　　　　　32.517→

読み方を書きなさい。

① dℓ (　　　　　　)　② -20℃ (　　　　　　)

③ 30㎡ (　　　　　　)　④ 2.5㎤ (　　　　　　)

⑤ km/h (　　　　　　)　⑥ $\frac{3}{\sqrt{2}}$ (　　　　　　)

⑦ $a \times b = c$ (　　　　　　)　⑧ $a \neq b$ (　　　　　　)

과학기술일원서 핵심문형 (1)

訳(やく)しなさい。

1. 平面(へいめん)や溝(みぞ)①などを切削(せっさく)する②工作機械(こうさくきかい)である③。

①홈　②절삭하다. 할. 하는. 한다　③～이다

2. 衝撃(しょうげき)に対(たい)する①粘(ねば)り強(つよ)さ②がないと③ 危険(きけん)である④ 。

①대하다. 대할. 대하는　②강인성(toughness)　③없으면 (문제2참조)　④ 위험하다

3.…がわかりやすく①定義(ていぎ)することは非常(ひじょう)に困難(こんなん)であるが②、……。

①「わかる＋やすい→わかりやすい→わかりやすく」」알기 쉽게　②「である」의変形:하지만, 이지만

4. その証明(しょうめい)はともかく存在(そんざい)することはするのである①。

①「～することは～するのである」　～하기는 ～하는 것이다

5. 特別(とくべつ)な性質(せいしつ)を付与(ふよ)させたものである①。

①「付与する→付与させる→付与させた＋ものである」　부여시킨 것이다.

6. …に与(あた)えられる①量(りょう)より少(すく)さくなっていく②であろう③。

①「与(あた)える의 受身～에 주어진 ②「少(すく)ない＋なる＋いく」③「である」의変形　～(ㄹ)겠지

7. 生産主体(せいさんしゅたい)である①人間(にんげん)が、……。

①앞뒤로 주어를 수식할때「～인」　「人間機械であるロボット」 인간기계인 로봇

8. …の部材(ぶざい)が受(う)けるであろう①最大荷重(さいだいかじゅう)の寸法(すんぽう)を決(き)める。

①「である」의変形　부재가 받을

9. 式(しき)が複雑(ふくざつ)であろうとも①、それが数学模型(すうがくもけい)となっていれば②解(と)ける。

①「である」の変形　～(하)더라도　②「～と(に)なっている」의仮定形　～로 되어있으면

10. 電気は昔からエネルギーとして利用されていたからである①。

①「利用する→される＋いる→されていた＋からである」 ～이용되었기 때문이다.
.▶산업일원서에서 동사의 수동형은 수동의뜻으로만 번역한다▶과학기술관련 서적에서는 애매함을 피하기위해 가능.존경.자발의뜻으로는 저술되지 않는다

11. 使用できることになる①わけである②。

①동사+ことになる~하게되다. 하게될. 하게되는 ②~(이유, 원인, 것)이다

12. ～と言う変数の「極限」と言うわけである①。

①「わけである」→「부드러운 단정」～라는 변수의 극한인 것(셈)이다.

13. ～精度を考慮したためである①。

①「考慮する一考慮した＋ため」～했기 때문이다.

14.~に基づいて決めなければならないといった①最初の人であった②。

①「決めない→きめなければ＋ならない＋と言う→～と言った」～정하지않으면 안된다고말한
②「である→であった」 최초의 사람이였다

15. ABは加工期間であり①、ACは製造サイクルである②。

①「である」의変形 ～이고 ②이다

16.1950年以前は真空管の時代であったし①、1950年以後はトランジスタ時代であったと言える②。

①「である의変形＋し」 였고 ②「である의変形＋と言える」 였다고 말 할 수 있다

17. まったく別物であること①を忘れてはならない②。

①「である＋こと」 ～인 것 ②동사의「ては형+ならない」잊어서는 않된다

18. 電流が一定であるとすると①、電圧は抵抗に比例する。

①「である→であると＋すると」 ～하다고 하면

공업일본어 기계편

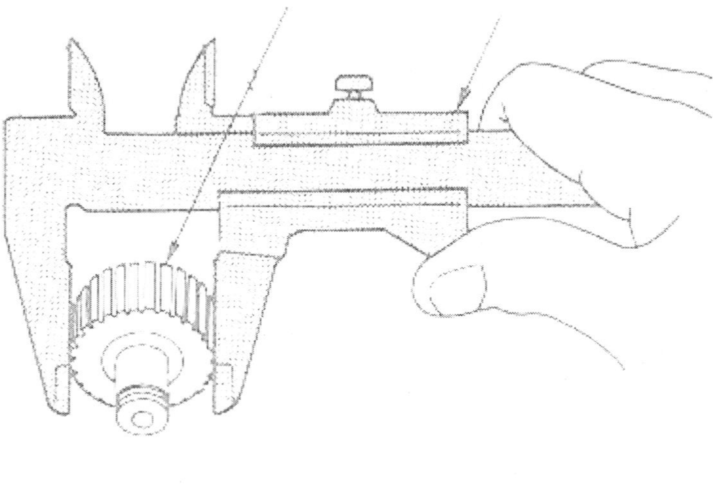

機械란 2개 이상의 단일품의 결합체로서 동력원에서 동력을 받아 일정한 운동을 반복하는 장치이다. 주로 제작을 위한 재료의 변형이나 물체의 운반에 쓰이고 정밀한 작동을 이용한 실험 및 측정, 관측, 탐사, 촬영장치에도 쓰인다. 규모가 큰 것을 機械라 하고, 작은 것을 器機라 하기도 한다.

19. 一般に機械とは、つぎの条件を満足すべきものである①。すなわち 1.外力に対して充分な抵抗力をもった②いくつかの部分の組合わせ③である。2.それらの部分は、一定の規則正しい運動をするように④組み立てられている⑤。 3.外部からのエネルギーあるいは動力の供給を受け、これを他の部分に伝えて所要の動力あるいは仕事に変換するものである。

①만족해야 한다 「べき」 ～해야 할＋명사 「言うべきことは言う」 말해야 할 것은 말한다. ②「持つ→持った」 가진. 가졌다 ③조화. 조합이다 「すばらしい組み合わせはなかなか得られない」 멋있는 조화는 좀처럼 얻어지지 않는다.
④「する＋ように」 하도록 ⑤「組み立てる→組み立てられる→組み立てられて＋いる」 조립되어 있다. (문제1참조)

20. 工具や機械は、材料をたたいたり、回したり、切ったり、曲げたり、削ったりするのに用いる。したがって、それぞれの機能や使用目的を考えて、正しく利用しなければならない①。

①「利用する→利用しない→利用しなければ＋ならない」→「注意ぶかく運転しなければならない」 조심해서 운전하지 않으면 안된다.
「備えていなければならない性質は、削られる物質より硬いことである」 갖춰있어야 할 성질은, 깎이는 물질보다 단단해야 된다.(문제1참조)

21. 工具や機械の使用に当たって①は、次のことに② 注意すること③、1.刃物などの進む方向に④手やからだを置かない。2.刃物などを渡すとき、相手の方に向けない。3.材料はしっかり持つ⑤ 4.規定寸法⑥の材料を機械にかける⑦。5.正しい順序で行う。

①「に当る」→「ボールが頭に当る」볼이 머리에 맞다 「出発に当って」출발에 즈음하여 ②다음사항(점)에 ③「~する+こと」~할것→ 「芝に入らないこと」잔디에 들어가지말것 ④「進む方向に」진행방향에→ 절삭공구등의 이동방향으로 ⑤확실히 잡는다 ⑥규정치수.도면에 제시된 치수인 재료 ⑦기계에 걸다.→ 작업을 하기위해 기계에 재료를 장착(고정)하다

22. 工具には、その用途によって、穴をあけたりする①ものや、測定したりするものなどがある。穴をあけたりするものとしては②、きりやハンドドリル③などがある。測定したりするものとしては、回路計④やマイクロメータ⑤などがある。

①「~たり~たりする」→「 パイプがつまったり通ったりする」파이프가 막히기도 하고 뚫리기도 한다.
②「あける→あけたり+する+もの+と+しては」뚫기도하는 것으로서는
③「ハンドドリル:(hand drill)」 수동용 구멍 뚫기 전용기기
④「回路計」 전기의 저항・전압 등을 측정하는 기기. 일명 テスター라고도 함.
⑤「マイクロメータ」 1/100㎜까지 측정할 수 있는 정밀측정기(문제34참조)

23. 機械は、はじめ、簡単なしくみのものであったが①、進歩改良などにともなって②、より精巧で複雑なしくみのものが③つくられるようになった④。しかし、複雑な機械をよく観察してみると、てこ⑤・ころ⑥・車輪・ねじ⑦・ばね⑧などの簡単な部品やしくみが組み合わされていることがわかる⑨。

①「である→であった＋が」간단한 구조인(물체.것)였지만 ②「~にともなう」~에따라→진보개량등에따라 ③ 복잡한구조인(기계가)것이 ④「作る→作られる＋ように＋なった」만들어지게 되었다⑤「てこでも動かない」지렛대로도 끄떡도 않다 ⑥「ころを入れて動かす」굴림대를 넣고움직이다.⑦「ねじ回し」나사돌리개 ⑧「ばね作り」스프링만들기 ⑨「組み合わす→組み合わされる→組み合わされて＋いる＋こよがわかる」조합되어 있는것을 알수있다

24. 機械は、長い間使っているうちに①、摩擦を受ける部分が磨耗したり、ひずんだり②、あるいは、そこにきれつ③が生じたりすることがある④。主な原因の一つとしては⑤、長い間使用したために⑥起こる金属疲労によるものが考えられる⑦

。

①「～うち」→「空回りをしているうちに」공회전을 하는 동안에 ②「歪む」뒤틀리다의 변형 ③「亀裂」균열 ④생기기도하는 수가있다 ⑤원인의 하나로서는 ⑥사용했기 때문에 ⑦「考えられる」→「考えるの 受身」 생각된다

25. 機械を設計するときには、機械の各部分にどのような力がはたらくかを考え、その力に対してじゅうぶんな抵抗力をもち、しかもむだのない①形状、寸法を定めなければならない②。そのためには、材料に力が加わったとき③どのような変形をするか、また破損するまでにどのくらいの力に耐えられるかなど④、材料の強さ⑤についての⑥基礎的な知識が必要である。

①「むだのない」→「切くずを出さないので材料のむだのない加工法である」
칩(chip)을 내지 않으므로 재료의 낭비가 없는 가공법이다。 일본의 공장관리의 3M ムダ(낭비) ムリ(무리) ムラ(불균일)
②「定める→定めない→定めなければ＋ならない」→「取りかかる→取りかからない」→取りかからなければ→「確実に判断して作業に取りかからなければならない」→확실하게 판단해서 작업에 들어가야 한다
③더해졌을 때 加わる더해지다 加える가하다 ④버티어낼지등→ 파손할때까지 어느정도의힘에 견디게될지등 ⑤強い→強さ(강도) 固い→固さ(경도) 高い→高さ(높이) 長い→長さ(일이) 深い→深さ(깊이) ⑥~에대한

考えてみよう。

1 「材料の強さ」と「材料の硬さ」との違い。

2 「引っ張り強さ」と「粘り強さ」との違い。

3 「むだ」「むり」「むら」のない…の違い。

4 「組み立て」と「組み合わせ」の違い。

26． 産業用ロボットは、くみたて作業に用いられる以外に、プレス機械①やNC工作機械②への加工物の取り付け·取りはずし作業、それに溶接作業や塗装作業に用いられる③。

繰り返しの単純作業であったり④、危険を伴う作業であったりするので、産業用ロボットの導入は、これらの作業から人間が解放したといえる⑤。

考えてみよう。

1 「取り入れる」と「取りのぞく」との使い分け

2 「熔接作業」と「はんだづけ作業」との違い

3 「取りつける」と「取り外す」との使い分け

4 「切り替える」と「取り替える」との使い分け

①プレス機械: 금형을 장착하여 曲げ、穴あけ、折り, 切断, 折曲작업등을 전문으로하는 기계.일명 프레스라함

②NC工作機械: numerical controlの 약자. 컴퓨터로 제어하는 공작기계

③「用いられる」用いるの受け身:쓰여진다

④「～である→であったり」→「電流が一定であったりするので」전류가 일정하기도 하기 때문에

⑤「言える」いうの가능동사: 해방했다고 말할수 있다

27. 最新鋭自動機であっても①、優れたシステムであっても、設備は設備であり②、生産の道具に過ぎない③。道具を使いこなす技量·活力がなければ④陳腐化していくだけのものとなる⑤。動かし方を覚えるということでなく⑥、加工技術をいかに活かすかということに⑦留意して勉強を進めるべきだ⑧。

①「である→であっても」일지라도.이여도　②「である→であり」이고.이며
③「～に過ぎる→に過ぎない] ~에 지나지 않는다 「およそ3gの試料が得られたにすぎない」약 3g의 시료가 얻어지는 것에 불과하다。④「ない→なければ」없으면　⑤「する＋いく→していく＋だけの＋もの＋となる」→「退歩化していくだけのものとなる」퇴보화해 가고만 있는 것이 된다. ⑥「~という＋ことで＋なく」~라는 것 아니고　⑦「いかすか＋という＋ことに」되살릴까 하는점에
⑧「進めるべきだ」「～行うべき]　→「スケジュルによって実験を行うべきだ」스케쥴에 의거 실험을 실시 해야 한다. (P65문제1참조)

28. 切削加工では、能率よく、また高精度に加工されることが①求められる②。したがって、刃物に用いられる工具材料もいろいろなくふうされて③進歩してきた④。

①「加工する→加工される＋こと+ が」가공되는것이　②「求める→求められる」요구된다.　③「工夫する→工夫されて」연구되어→「幅広く使用される」폭 넓게 사용된다.　④「研究する→研究される」→「研究されて変化してきた」연구되어 변화해 왔다.

29. 機械を運転すると各部分にいろいろな力がはたらく。機械は、このような力によって破損したり大きな変形を生じたりすることなく①、安全に使用できるものでなければならない②。

①「生じる→しょうじたり＋する＋こと＋なく」생기기도하는일없이　　「破損する→破損したり＋することなく」파손하는없이　　②「～ものではない→ものでなければ＋ならない」→「いつも応用できるものでなければならない」언제나 응용할 수 있는 것이 아니면 안된다.

30. 機械は、構造の簡単なものから複雑なものにいたるまで多種多様であるが、簡単なものでも、きり、ねじ回し①のような一物体だけから成るものは機械とはいえない②。また、計器などのように、所要の仕事をするためにエネルギーの変換または伝達が行われないものも機械とはいえず③、これらのものは通常、器具といわれる④。

①「ねじ回し」나사 못을 돌려가며 박거나 뺄 때 사용하는 공구, 일명 「ドライバ」라고도 함. 「－자드라이버」・「＋자드라이버」가 있다.

②「～と言う→～と言える→～とは言えない」→「ロボットを人間とは言えない」로봇을 인간이라고는 말할 수 없다.「言える」＝「言うことができる」

③「言えないで→言えず」→「 電気が通されないものも導体とは言えず」전기가 통과되지 않는 것도 도체라고는 말할 수 없고(어),

④「~といわれる」→「という의受け身」

31. 高速度で切削して、刃先が熱せられても①、切削能力が落ちないように、タングステンやクロム·バナジウム②を加えた高速度工具鋼が考えだされた③。この材料は、600℃ぐらいまで硬さが低下せず④、耐摩耗性が高いので切れ味⑤が落ちない。炭素工具鋼の切削速度の数倍の速さまで使えるので、切削能率を大きく向上させる⑥。

①「熱する」→「熱せられる」→「熱するの受身」가열되어도 ②「タングステン: tungsten, クロム:chrom, バナジウム: vanadium」③「考え出す」→「考え出される」→「考え出された」생각나게되었다. ④「低下する→低下しない→低下しないで=低下せず (に)」⑤「切れ味」 절삭감(절삭공구의 절삭성능) ⑥「向上させる」→「向上する」의 사역형→향상시킨다.

32. 工作物を削る刃物として、そなえていなければならない①性質は、まず、削られる②物質より硬いことである③。硬いことによって刃物が工作物にくい込み④、切くずを切りだして、削る作業がおこなわれる⑤。

①「備える+いる→備えていない」→「備えていなければ+ならない+性質」 갖춰 있어야 할 성질 ②「削られる」→「削るの受け身」 깍기는 물질보다
③「~より硬いことである」문장중에 전제조건이 없다면 「단단한 것(점)이다」라고 번역할 수 있으나 전제조건이 있기 때문에「단단해야 한다」로 번역해야 한다. ④「 食い込み 」파고들어가 물어뜯어 ⑤「行われる」→「行うの受け身」이루어진다.→절삭작업이 진행된다.

33. ノギス①は工作物の長さの測定にひろく使われるもので、図に示すように、本尺②とスライダ③からできており④、外側用ジョウ⑤は工作物の外側測定、くちばし(内側用ジョウ)は内側測定、デプスバー⑥は深さの測定に使われる。

目盛を刻んだ本尺にそって、バーニヤ⑦目盛のついたスライダがすべり動くようになっており⑧、本尺の1目盛以下微少寸法をバーニヤによって読むことができる。本尺には最小目盛1㎜数値は㎝の単位で記入されており、バーニヤ目盛は本尺の19目盛を20等分したものが刻まれている。

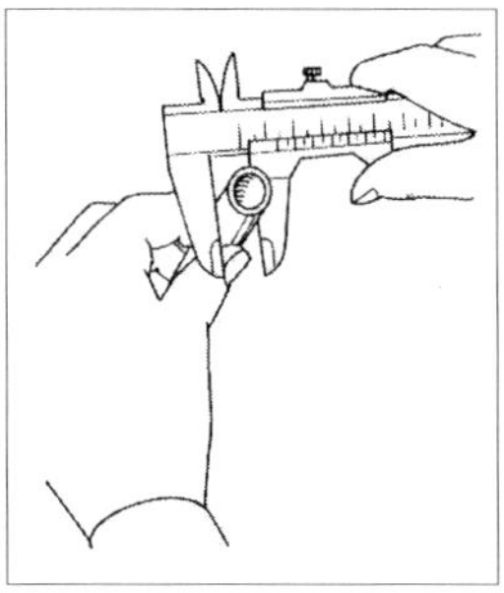

したがって、バーニヤ目盛と本尺目盛の1目盛の差は、$1-\frac{19}{20}=\frac{1}{20}=0.05(mm)$mであり、これがノギスの最小読み取り寸法である⑨。

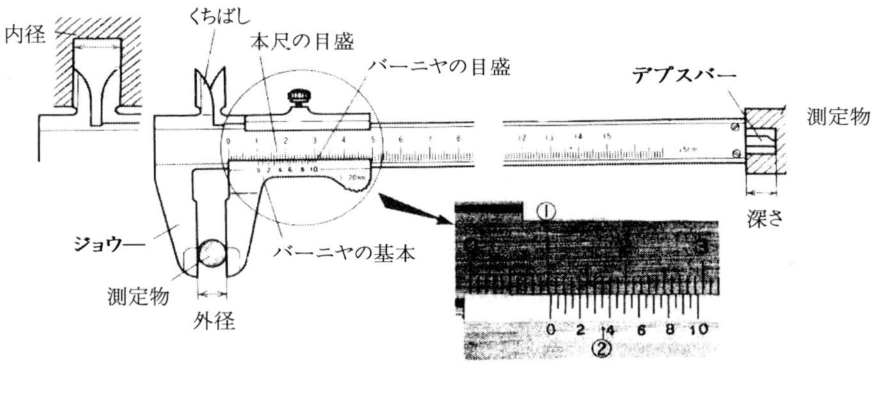

考えてみよう。

1 「考える」と「思う」と「工夫する」との使い分け。

2 「組み合う」と「組み合わす」と「組み立てる」との使い分け。

3 「組み合わせる」と「組み立てられる」と「組み込まれる」との使い分け。

4 「する」と「行う」との使い分け。

5 「分かる」と「知る」との使い分け。

① 「ノギス」(nonius) 길이・두께・깊이를 0.05㎜까지 측정 할 수 있는 측정기
② 「本尺」 1㎜ 단위의 눈금이 새겨진 자
③ 「スライダ」(slider) 슬라이더: 버니어 눈금이 새겨진 부품으로 본척을 따라 이동한다.
④ 「できており→できる＋おる」「コンピューターはキーボードとCPUとディスプレイからできており」컴퓨터는 키보드와 CPU와 디스플레이로 되어 있고,「できる」의 뜻은 할 수있다. 생기다. 되다　「用事ができる」볼일이 생기다　「木でできている机」나무로 되어 있는 책상　「化合物ができた」화합물이 생겼다

⑤ 「ジョウ」 조(jaw) 외경 측정시 측정물에 접촉되는 부분이고,「くちばし」는「ジョウ」와는 반대로 내경을 측정할 내면과 접촌되는 부분이다
⑥ 「デプスバー」 뎁스바(depth bar): 구멍의 깊이 등을 젤 때 사용하는 노기스의 부품
⑦ 「バーニヤ」(vernier) 버니어: 본척의 19㎜를 20등분한 눈금이며, 슬라이더에 새겨져 있다.
⑧ 「滑る+動く→滑り動き」미끄러 지면서 움직이다 「バーニア目盛のついたスライダが滑り 動くようになっており」 버니어 눈금이 붙은 슬라이더가 미끄러지면서 움직이게 되어 있고
⑨버니어 눈금과 본척 눈금의 한 눈금의 차이는 0.05㎜이며, 이것이 노기스로 읽을 수 있는 최소 치수이다.

34. 図の外側用マイクロメータ①は、おねじとめねじのはめ合い②を利用したもので、“一条ねじの場合、ねじが1回転すればねじは1ピッチ③進む”これがマイクロメータの原理である。そこで、ねじのピッチを0.5㎜にすると、ねじが1回転したとき0.5㎜進み、1/50回転したときは、0.5/50=0.01㎜進むことになる。マイクロメータに使われるねじのピッチは0.5㎜で、おねじに直結したシンブル④は外周を50等分した目盛がついているので、おねじを1回転させれば、シンブルが1回転して0.5㎜動く(50目盛動いて0.5㎜動くこと)。いま1目盛動かすと、0.5×1/50=0.01㎜動くことになる⑤。このことは、マイクロメータの最小目盛は0.01㎜であることを示している⑥。マイクロメータの構造は、図のようになっており、測定面はアンビルとスピンドル⑦で、この間に被測定物をはさんで測定する(アンビルとスピンドルの距離が測定値になる)。ラチェッとストップ⑧とは測定力を一定に保つための装置であり、ロッククランプ⑨とは必要に応じてスピンドルおよびシンブルを固定させるものである。マイクロメータの測定範囲は誤差や使用上の点からJISでは、25㎜単位で、0~25㎜から475㎜~500㎜までのものが規格化されている。

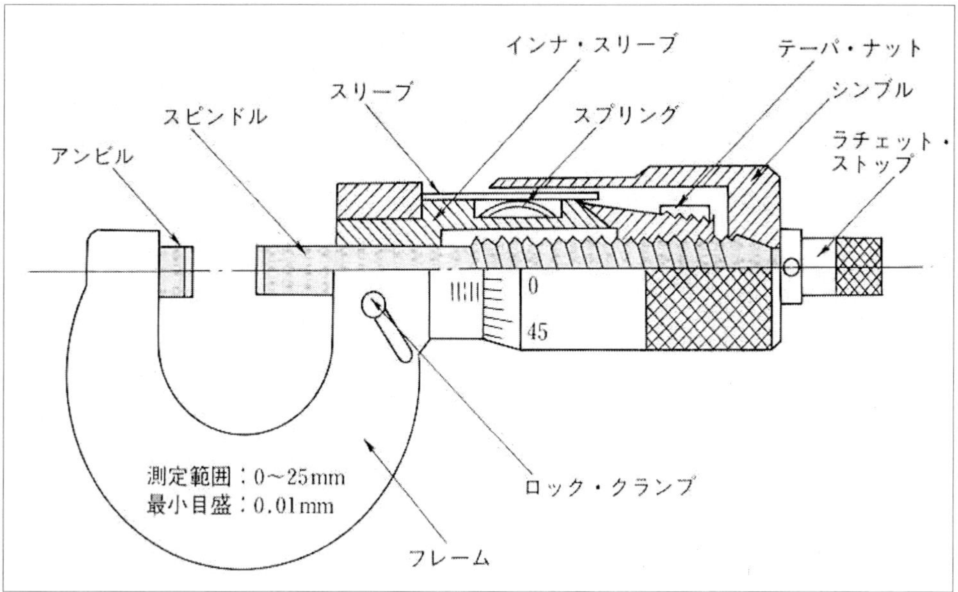

①マイクロメータ: 마이크로미터(micrometer) 외경・내경・깊이를 0.01㎜까지 측정할 수 있는 정밀측정기기
②はめ合い: 끼워맞춤(축과 구멍의 맞춤 용어)
③ピッチ: 피치(pitch) 나사산과 나사산 사이의 거리
④シンブル: 심블(thimble) 스핀들과 맞물려 있는 원통형의 부품이며 원주에 원주를 50 등분한 눈금이 새겨져 있다. 그러므로 심블을 한 바퀴 돌리면 스핀들이 0.5㎜이동한다.
⑤1㎜단위의 눈금이 새겨진 スピントル과 원주를 50등분한 눈금이 새겨진 シンブル은 ピッチ가 0.5㎜인 나사로 서로 결합되어 있어 シンブル을 1회전 시키면 スピントル을 0.5m이동하게끔 만들어져 있다. シンブル주위가 50등분 되어 있기 때문에 50눈금을 다돌리면(1회전) スピントル은 0.5㎜이동한다. 그러므로 シンブル의 눈금 하나만 회전시킨다면 0.5×1/50=0.01㎜ 이동하게 된다.
⑥5번의 원리에 의해 マイクロメータ로 측정할 수 있는 최소 눈금은 0.01㎜ 이라는 것을 가리키고 있다.
⑦アンビルとスピンドル: 앤빌(anvil)은 측정물을 물리는 부분이고 스핀들(spindle)은 1mm단위의 눈금이 새겨져 있는 축으로 앤빌끝과 스핀들 끝 사이에 피측정물을 끼워 측정한다.
⑧ラチェットストップ: 래칫스톱(ratchet stop) 스핀들을 피측정물에 접촉시키는 압력은 사람에 따라 또는 측정할 때마다 다르다. 언제, 어디서, 누가 측정하더라도 항상 일정압력으로 측정할 수 있도록 만들어진 공회전 장치
⑨ロッククランプ: 록크램프(lock cramp) 측정된 눈금이 진동 등의 외력에 의해 흐트러지지 않도록 하기 위해 설계된 스핀들의 장금장치

レスト・ハウス (1)

次の機械部品の名称を例から選びなさい。

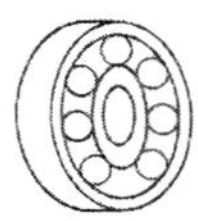

①（　　　　）　②（　　　　）　③（　　　　）

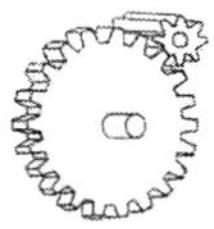
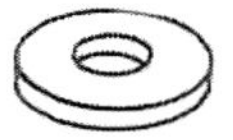

④（　　　　）　⑤（　　　　）　⑥（　　　　）

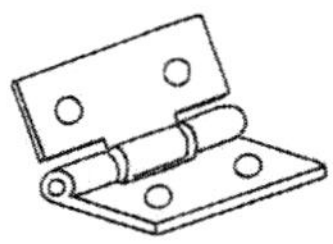
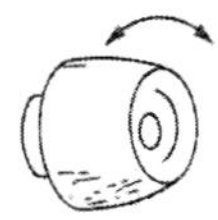

⑦（　　　　）　⑧（　　　　）　⑨（　　　　）

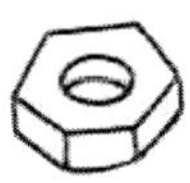
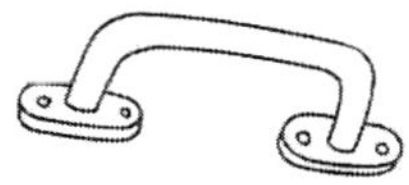

⑩（　　　　）　⑪（　　　　）　⑫（　　　　）

例：ボルト　ビス　ナット　木ネジ　ワッシャ(座金)　歯車
　　ラチェット　把手　ノブ　蝶番　キャスタ　ベアリング

レスト・ハウス (2)

次は部品の操作用語である。説明に合う言葉を選びなさい。

1) パイプを万力に(　　)とき、つぶさないように注意する。

入れる	はさむ

2) ノギス・マイクロメーターで円柱の直径を(　　　)。

量る	測る

3) 歯車・ベルト車で回転力(トルク)を(　　　)。

伝達する	配達する

4) 木ねじ・ボルトで(　　　)。

団結する	締結する

5) かんな・やすりで工作物を(　　　)。

研ぐ	削る

6) 万力・バイスで工作物(　　　)。

固定する	切断する

7) やすりをまっすぐ(　　　　)やすりかけをする。

引き伸ばして	押し進めて

8) 歯車AとBとを(　　　)。

噛み合わせる	組み合わせる

9)長髪や袖口などが回転軸に(　　　) 危険がある。

吸い込まれる	巻き込まれる

과학기술일원서 핵심문형 (2)

訳しなさい。

1. 直線の方向係数のとらえ方①は次のように言い換えられる②。

① 수용방식 ②「言う＋換える→言い換えられる」바꿔 말하게된다 환언하게된다

2. 0でない①複素数の全体など、いろいろのものがあげられる②。

①0이 아닌 ②挙げるの受身形 (을)거론된다.

3. 外力に耐えられる①寸法を定めなければならない②。

①「耐える」의 受身形, 견디어내는 ②「定めない→定めなければ＋ならない(いけない)」정해야 한다

4. 長い間使用したために①起こる金属疲労によるものが考えられる②。

①「する→した＋ため」～했기 때문에 ②「考えるの受身」생각 된다 생각들다

5. 2系統の構造に義務づけられており①、……。

①「付けるの受身＋おる」 의무화되어 있고

6. 硬くて削られなかった①材料でも切削することができるようになった。

①「削る→ 削られる→削られない→削られなかった」 깎이지 않았던

7. 高速度で切削して、刃先が熱せられても①、……。

①「熱するの受身＋ても」열을 받아도(달궈져도) 「接する→接せられる」접해지다

8. 粘り強さをもたせるとともに①……。

①「持つの使役＋と＋ともに」강인성을 갖게 함과 동시에

9. 機能を充分に果たせなくなる①。

①「果たすの可能→果たせる+ ない＋なる」 다(발휘)할 수 없게 되다

10. 種々のすぐれた性質をもたせることができるので①、……。

①「持つの使役＋ことができる＋ので」갖게할수 있기 때문에

11.～をとってもよくはまり合う①という組合わせ②はなかなか得られない③。

①「はまる＋合う」끼워 맞추다. 어느것을 택해도 잘끼워(딱)맞는 ②「組み合わせるの名詞形」꾸밈새, 짜임새 ③「得るの受身＋ない」얻어 지지 않는다

12.～をもとにした推論によって得られた①知識であるともいえる②。

①「得る→得られる→得られた」얻어진 ②「である＋～とも言う→～であるとも言える」 ～이라고도 말할 수 있다

13. 低下させることになることが①多い。

①「するの使役形＋こと＋になる＋ことが」저하 시키게 되는 경우(일)가 많다.

14. 圧力が低下しつつある①。

①「～つつある」 진행 중 임을 나타냄 : 저하하고 있다. 계속저하 한다.

15. 部品が精密になればなるほど①、……。

①「～になる→になれば＋なるほど」 ～정밀하게 되면 될수록.

16.走るべき時は①走り、止まるべき時は②とまりという習慣をつけるべきだ③。①「べきだ」~해야한다. 달려야 할 때는 ②멈춰야 할 때는 ③붙여야 한다.

17. コンピューターは日常生活に欠くべからず①ものとなった。

①「べからず/べからざる」해서는 안 된다. 일상생활에 없어서는 안될 물건이 되었다.

18.研削砥石は次々と新しい切れ刃ができて①研ぎ続けることができる②。

①절삭날이 생겨 ②계속 연마할 수가 있다.(문제3참조)

19. 真空管はIC並に①用いられたものであった②。

①～과 같은 수준으로, ~보다 못지 않게 ②쓰였던 것이 었다.

ちょっと一息(ひといき)
サイクリング

あっ、
サイクリングに
行(い)くの？
どうして誘(さそ)って
くれないんだよ。
誘(さそ)おうと
思(おも)ったけど
……
のび太(た)は自転車(じてんしゃ)に
乗(の)れないんだもん。
今度(こんど)歩(ある)いて
行(い)く時(とき)
誘(さそ)ってやるな。
ついて
行(い)く。
ぼくの
自転車(じてんしゃ)は？
買(か)った時(とき)から
物置(ものおき)に
しまいっぱなし
じゃない。

どこへ行くの。
サイクリング。
ガシャ
このままじゃばかにされる。
そんならきみにも乗れる自転車を出してやろうか。
あるの！
ほんとうにきみはたよりになるなあ。
ジャーン。
これなら絶対ころばない。
三輪車だって！

いくらなんでも
人ひとをばかにしてる。
ただの三輪車さんりんしゃじゃないぞ。
目覚めざましに温度計おんどけい、カレンダーや
えんぴつけずりまでついてるぞ。
それにしてもだよ、
いくらなんでも小学生しょうがくせいがだよ、
三輪車さんりんしゃとはかっこ悪わるい。
無理むりに
くれとは
乗のって
言いわない。
おこるなよ
悪わるかったよ。
行いこう！
みんなどこへいったの？
……
それを
聞きいとくの
忘わすれた。
第だい1ボタンを
押おして、
カチ
においを
かいで
あとを
つけるんだね。

やあ、あんな大(おお)きな子(こ)が三輪車(さんりんしゃ)に乗(の)ってる。
だからいやだと言(い)ったんだ。
第(だい)3ボタンを押(お)して。
消(き)えた。
ブウン
四次元(よじげん)という別(べつ)の世界(せかい)へ入(はい)ったんだ。
変速(へんそく)レバーを切(き)りかえて、
カシャ
すごいスピード、
ひとこぎ100メートル走(はし)るんだ。
ギューン
わっ、ぶつかる！
平気(へいき)平気(へいき)。
四次元(よじげん)にいるからつきぬけちゃうんだ。
レバーをトップに入(い)れろ。
カシャ

これはもう
ジェット機(き)
なみの
速(はや)さだぜ。
スネ夫(お)たちへ
見(み)せてやりたいな
このさっそうとした
姿(すがた)を……
スネ夫(お)もジャイアンも
ぼくのこと
ばかにして……
おいついて
これを
見(み)せて
ギャフンと
言(い)わして
やる。
みんなの
目的地(もくてきち)は
このへんらしいよ。
あそこだ！
近(ちか)づいて
いきなり姿(すがた)を
見(み)せよう。

こんないいとこへ来られないなんて……
のび太のやろう。つくづくあわれだよな。
あんなこと言ってる
姿を見せよう。三次元に帰るには……？
第5ボタン。
カチ
もどらないよ。
そんなばかな。
カチカチ
故障だって？
ずっと使ってなかったもんな。
おい、まだなおらないの？
ポン
そろそろ帰りましょうか。
みんな帰っちゃったよ。
どうしてもなおらない。

日ひが暮くれる、帰かえって なおそう。
ああ とうとう、消きえたまま 帰かえってきちゃった。
追おいぬいた とこ 見みせて やれない のがしゃくだ なあ。
ブウン
なおった！
よう 三輪車さんりんしゃで 遊あそんでん のかあ。
かわいい！
ククーッ

공업일본어 전기편

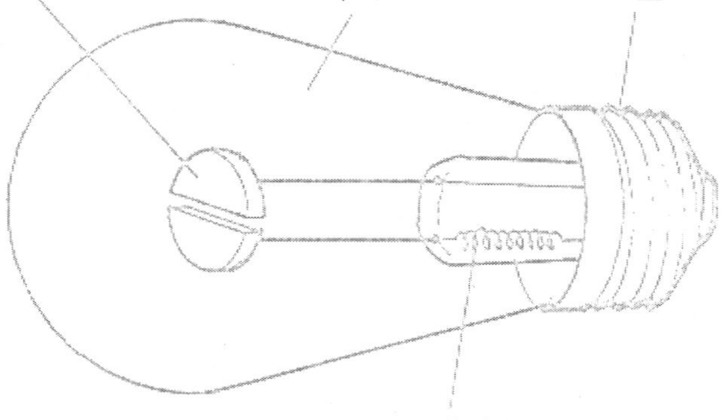

電氣는 힘과 빛, 그리고 열을 발생하는 원천이다. 1660년 도이츠에서 마찰전기를 시초로 1733년 프랑스에서 마찰전기의 +, -를 구별하게 되었다. 1752년 아메리카에서 번개가 전기라는 것이 증명되었고 1902년 수은등, 1938년 형광등이 발명되었다. 1956년 영국에서 집적회로의 발견으로 인해 인간의 편이를 위한 문명의 이기는 급속도로 개발되고 있다.

35. 導体･絶縁体：電池と豆電球を電線で接続する時、電線についているビニールの被服をはがしてつなげる①。中の電線は電気を通すが、被服のビニールは電気を通さないからである②。電気を通すものは、導体、良導体といわれ、通さないものは絶縁体といわれる。

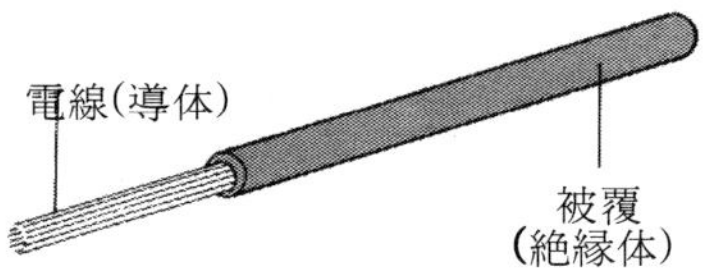

①「剥がす→はがして＋つなげる」 피복을 벗겨서 잇다.「ねじる＋つなげる」 2本の針金をねじってつなげて長くする。(2개의 철사를 비꼬아 이어 길게 하다)
②「からである」 テスターの針がふれないからである。(테스터의 바늘이 흔들리지 않기 때문이다)

36. 電流：図のように接続して、スイッチをONにすると、電池、電線、豆電球の導体部分を電気が流れ、豆電球を点灯させる。
この電気の流れの強さを電流①といい向きと大きさの変化のしかたから直流②と交流③とに大別される。

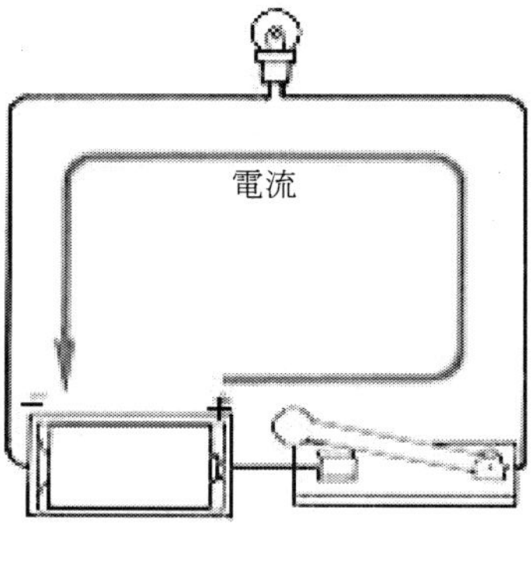

ONにすると

①電流(electric current): 전하(change)가 연속적으로 이동하는 현상. 단위는 A(Ampere), 기호는 I를 쓴다. 그리고 교류와 직류가 있다.
②直流(direct current): 방향과 크기가 시간적으로 바뀌지 않는 전류
③交流(alternating current): 방향과 크기가 주기적으로 바뀌는 전류

37. 電圧: 電圧の強弱は「高い」「低い」で表現され、図のように水位差が大きいほど水の勢いは強くなるわけである。電気の流れの強さを電流と呼ぶが、電流は勝手①に流れるものではない。電流が流れるためには、流そうとする圧力が必要になる。この圧力を電圧②という。

①「勝手に」→ 「마음대로」・「함부로」로 번역하나 여기서는 뒷 문장의 결론에 맞도록 「스스로, 자발적으로」로 번역해야 한다.
②電圧(voltage): 전위차와 같음 (전위차: 무한히 먼 A, B 점에서 측정한 전위가 각각 V_1,V_2라면 V_1-V_2가 전위차이고 기호는 V, 단위는 V(volt)를 쓴다.)

電気は水にたとえられる

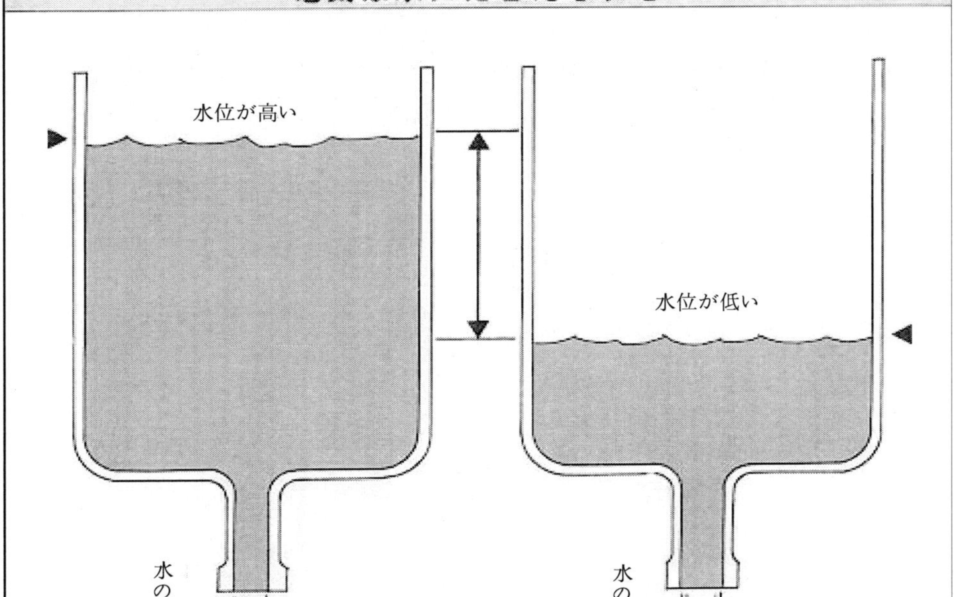

38. 電気抵抗：電流の流れるのをさまたげる導体の性質を電気抵抗①と言う。これは水の流れにたとえると、汚れがつまって流れが悪くなった管のようなものである②。

豆電球の回路で、豆電球を2個直列につないでみよう。豆電球は暗くしか点灯しない③はずである。このことから豆電球には電流の流れを妨げる働き、すなわち抵抗があることがわかる。

①抵抗(electric resistance): 전류가 흐르는 것을 방해하는 도체의 성질
②「悪くなった管＋のような＋ものである」 ～가 나빠진 파이프처럼 된 것이다.
③「～しか～ない」→「火の手が早く金庫しか持ち出せなかった」불길이빨라서 금고밖에 가지고 나오지 못했다.)

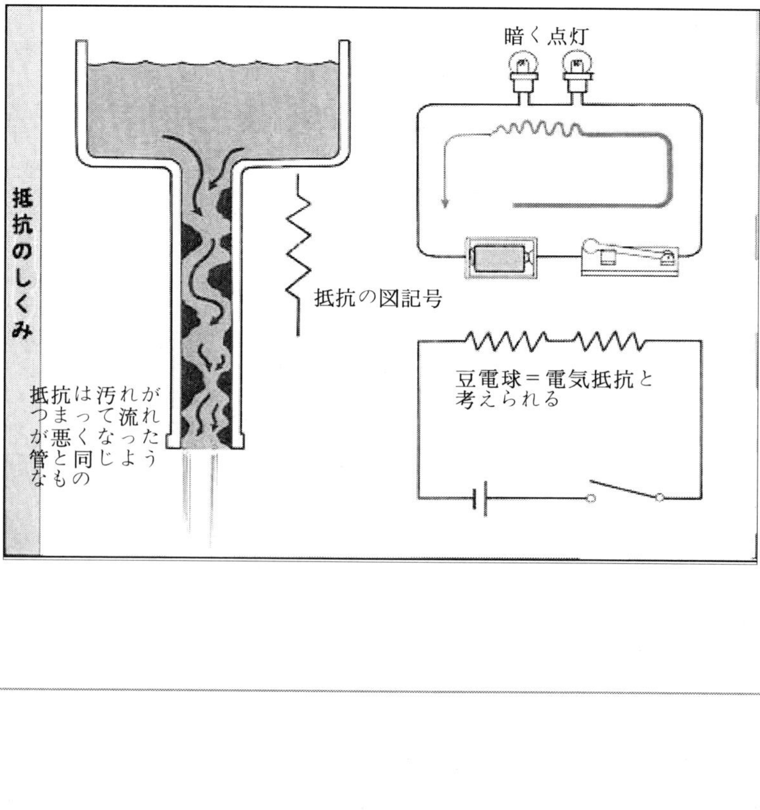

39. 電気回路:電流は＋極を出て、－極に入ると約束されている。

左の回路①で、電流は＋極を出て、スイッチのところを通って、

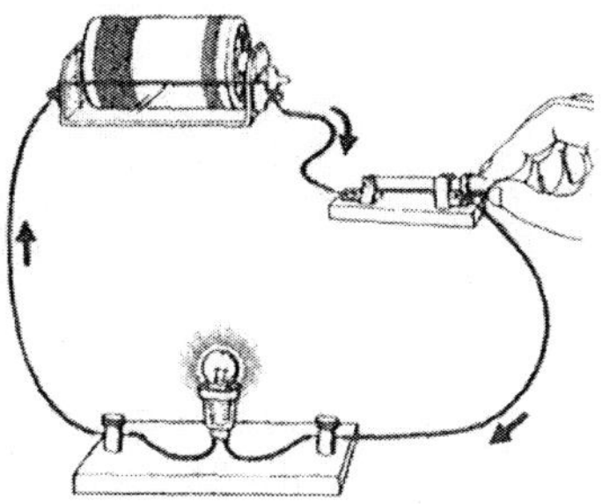

ランプのところを通っていき②、－極に入る。このように電気がぐるりとひとまわりして流れる道を回路とよぶ。

乾電地や発電機などのように電流を流す源を電源といい、電源には、負荷に電流を流そうとする③働きがある④。その働きの強さを電圧という。

①回路(electric circuit): 전류가 흐르기 시작한 후 다시 출발점으로 돌아오는 전류의 통로　②지나가　③흐르게 하려는　④역할이 있다

40. 電流の強さ：直列回路では、回路のどの部分でも電流の強さは変わらない。これに対して、並列回路では、分かれた部分に通る電流の強さの和は①、もとの部分に通っている電流の強さに等しい②。

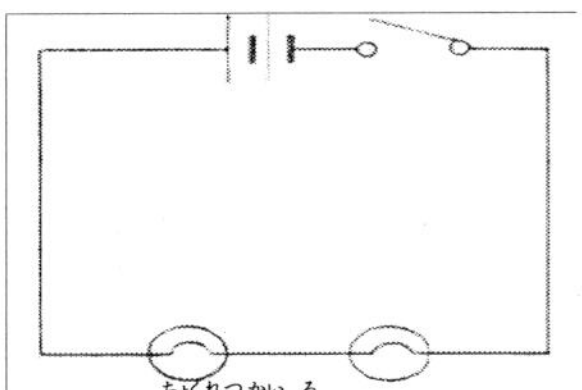

直列回路

①산수에서 모든샘의 합 「1から9までの数の和は45である」1에서 9까지의 수의 합은 45이다

②「～と(に)等しい」~와같다.　「1気圧は水銀柱76cmと(に)等しい」1기압은 수은주76cm과 같다.

41. 電圧の強さ：直列回路では、それぞれの豆電球の両端の電圧の和が乾電池の両端の電圧に等しい① 。これに対して、並列回路では、2個の豆電球の両端の電圧は、たがいに等しく、乾電池の両端の電圧と等しくなっている②。

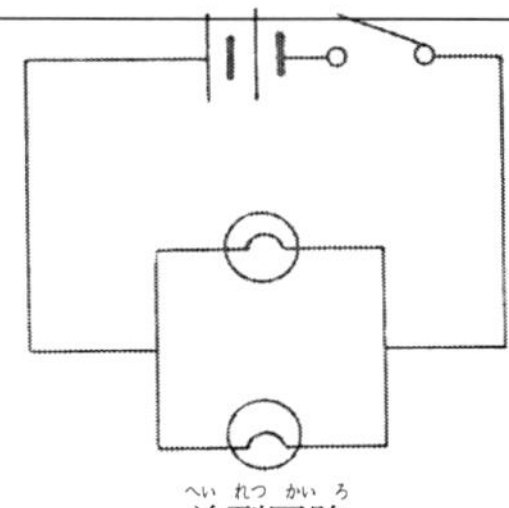

並列回路

①「に(と)等しい」 양끝 전압과 같다. ②「と(に)等しい＋なる＋いる」 같게되어 있다

42. ここまで、電流・電圧・抵抗、回路などについて学んできた。といっても①電流とはこういうもの②、電圧とはこういうもの、という形の説明であったので③、かんじんの電気の正体がわからず④、いらいらした人もいると思う。実は科学界でも、電気の正体がつきとめられた⑤のはかなり遅く、エジソンの白熱電球から20年も後のことであった⑥。つまり、電気の正体がわからないまま、電気の研究だけは　どんどん進められていったというわけである⑦。

①그렇다해도　②전류란 이런것 ③「である→であった＋ので」→「実験の結果であったので」실험 결과였기 때문에 ④「~がわからず(ないで)」몰라서.이해못해

⑤「突き止める」의수동의과거:정체가 밝혀지게된 것은 ⑥「である」의 과거

⑦「進める→進められる＋行く」→「進められていった＋と＋いう＋わけ＋である」진척되어 갔다는 것(뜻)이다.

43. 直列·並列：電池を縦に2個つないでみると、1個の時よりも豆電球は明るく点灯する。これは1個の電池の電圧は1.5Vであるが①、縦に2個つなぐことで、電圧が3V(1.5V+ 1.5V)になったからである②。このような接続のしかたを直列接続③といい、電池を直列に接続すると、電圧は高くなる。

①「～であるが」→「非常に困難であるが、普通の表現をかりると」매우 곤란하지만 보통의 표현을 빌리면
②「～からである」→「温度上昇にともなって体積が大きくなったからである」온도 상승과 함께 체적이 커졌기 때문이다)
③直列接続: 건전지의 경우 여러개의 건전지를 ⊕극에 ⊖극을 차례차례 접속시키는 법

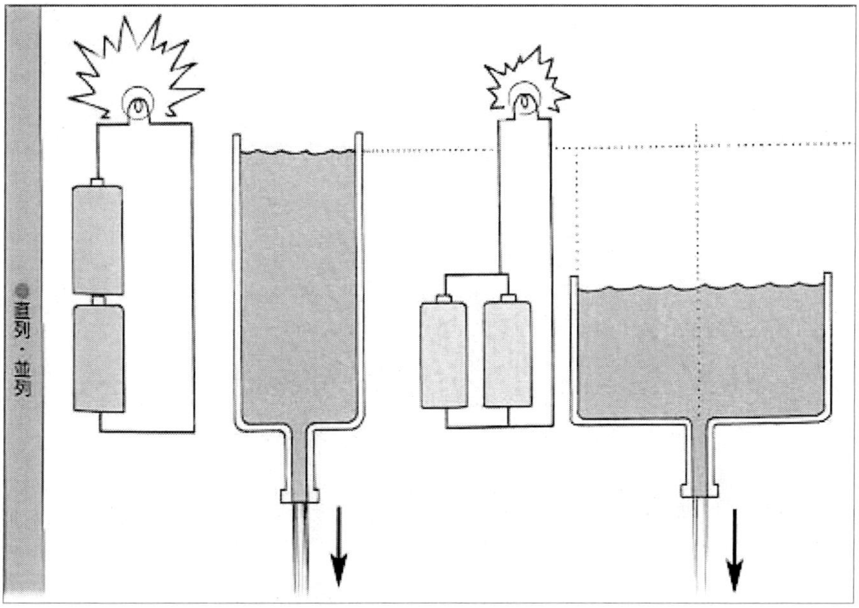

44. ここで直列接続を水にたとえてみよう①。電池を2個、縦につないだということは②、水の場合の水位差が大きくなったのと同じことである③。縦につないだぶん④電位差が大きくなり高い電圧になったわけである⑤。

①「~にたとえる＋みる」→「~にたとえてみよう」~에비유해보자.
②「つなぐ→つないだ＋という＋ことは」: 세로로 연결했다고 하는것은
③「ことである」→ 直線は比で表現されるといっても同じことである」
　직선은 비로 표현된다고 해도 같다(같은 것이다)
④「～たぶん」→「車の排気量を大きくしたぶんトルクが増えた」
　자동차의 배기량을 크게 한 만큼 톨크가 증가했다.
③「わけである」→「正確な測定ができるようになったわけである」
　정확한 측정이 가능하게 된 원인이다.

45. 次に電池を横に2個つないでみる。豆電球の明るさは①、電池1個の時と変らない。これは水にたとえると、水位差は変らずに②、上の水槽の水の量が増えただけの状態となり、結局、流れる勢いは変らないのと③同じことになる④。このような接続のしかたを並列接続⑤といい、電池を並列に接続しても、電圧は変らない。

①「明るい→明るさ」　「重い→重さ」　「高い→高さ」　②「かわらずに＝かわらず」＝「かわらないで」　③흐름의 세기는 변화가없다는것과 ④　같은꼴(샘.것.)이 된다.
⑤「 並列接続」 건전지의 경우 여러 개의 건전지를 ⊕극은 ⊕극과 접속시키고⊖극은 ⊖극과 접속시키는 법

46. プラグ①をコンセント②にさしこんだのに③、アイロンは熱くならなかった④。調べてみたら、原因はプラグの接続部の接触不良によるものだった⑤。それで、止めねじ⑥のゆるみ⑦をしめつけたら⑧熱くなった。(図46)

①プラグ(plug): 전기기기의 코드선단에 만들어진 전원 연결기구로서 콘센트와 짝을 이룸 ②コンセント(plug socket): 실내배선에 쓰이는 배선기구, 플러그를 꼽는 곳 ③「~だ＋のに」→「ブレーキ・ペダルを踏んだのに車はとまらない」브레이크페달을 밟았는데 자동차는 멈추지 않는다. ④熱い→熱くない→熱くなかった ⑤「だった」＝「であった」→だ(이다)의과거 ⑥고정나사 ⑦풀림 ⑧「しめつけたら」→「締め付けるの가정형」조였드니. 죈즉

47. 電気器機を点検するには、回路計①によって全体および各部の導通や絶縁を調べる。全体の導通を調べる場合(=とき)は、電気器機のスイッチをONにして、まずさしこみプラグから調べる。電気器機のスイッチをONにしたのに、回路計の指針がふれないのは、どこかで断線しているからである②。その際には(=その場合には)、各部の導通を調べてみる。(図47)

①回路計(circuit tester): 회로에 흐르는 전류・전압・저항 등을 측정하는 소형 계기. 일명 테스터라고도 함.
②「からである」→「質量の正確な測定ができるようになったからである」질량의 정확한 측정을 할 수 있도록 되었기 때문이다.

48. 電気器機を各部の導通を調べるために、まず、コード①を調べ、次に、電熱線を調べた。ところが、電熱線を調べたとき、回路計の指針がふれなかった。その原因として、電熱線の断線が考えられた。それで、電熱線を調べてみたところ②、やはり、（電熱線が）断線していたので、とりかえることにした。とりかえて、再び、導通を調べたら、今度は指針がふれた。(図48)

①「コード」cord: 전선

②「～たところ」→「ニュースで聞いたところ、あしたからリコールを行うそうです」뉴스에서 들은 바로는 내일부터 리콜을 한답니다.

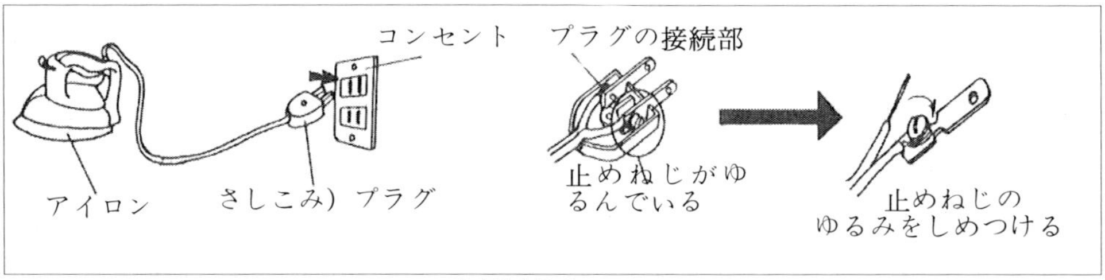

< 図46 >

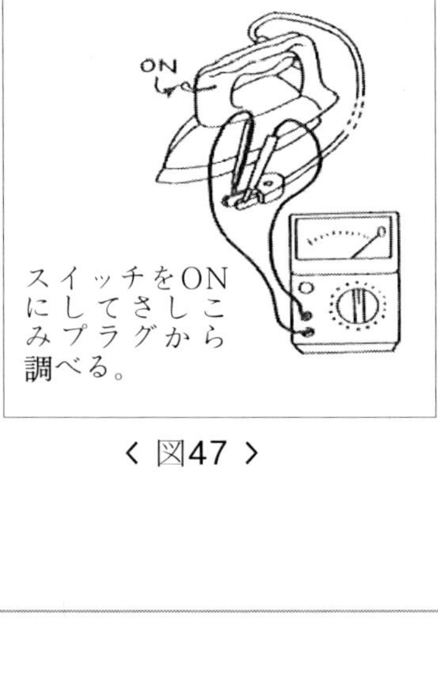

< 図47 >

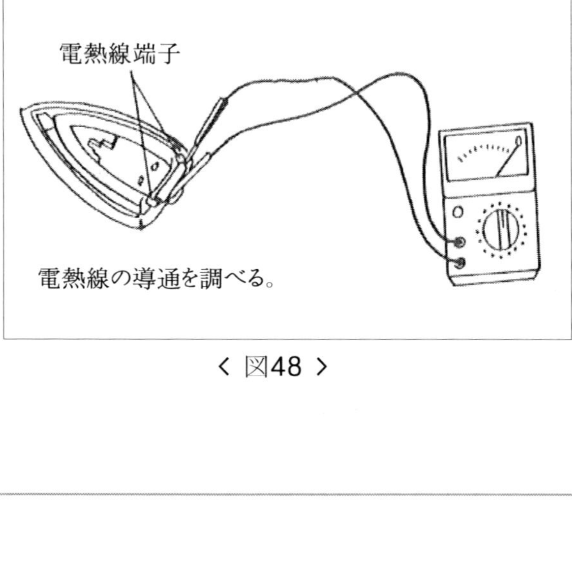

< 図48 >

レスト・ハウス (1)

考えてみよう。(○×をつけなさい)

- スイッチを切らずに出かけた。(　)
- スイッチを切らずに下さい。(　)
- スイッチを切らないで出かけた。(　)

- 針金を加熱せずに引き伸ばした。(　)
- 針金を加熱せずに下さい。(　)
- 針金を加熱しないで引き伸ばした。(　)

- 火の近くまで移動せずに下さい。(　)
- 火の近くまで移動しないで下さい。(　)

- 急プレーキを踏まずに欲しい。(　)
- 急プレーキを踏まないで欲しい。(　)

- 押しボタンを押したにもかかわらず、(　)ベールガならなかった。
- 押しボタンを押したにもかかわらずに、(　)ベールガならなかった。
- 押しボタンを押したにもかかわらないで、(　)ベールガならなかった。

- 肝心の電気の正体がわからず(　)、いらいらした人もいると思う。
- 肝心の電気の正体がわからずに(　)、いらいらした人もいると思う。
- 肝心の電気の正体がわからないで(　)、いらいらした人もいると思う。

レスト・ハウス (2)

次は操作用語である。説明に合う言葉を選びなさい。

1) コンセントに電源コードを(　　)。

挿す	鎖す

2) ドライバでねじを(　　)。

締めつける	切る

3) はんだごてで(　　)。

溶接する	はんだつける

4) 回路計·テスターで(　　)。

抵抗を測る	背丈を測る

5) 台ばかり·ばねばかり·天秤で(　　)。

直径を測る	体重を量る

6) (　　)を右に回したり左に回したりしてボリュームを調整する。

柄	つまみ

7) 測定値を予想してロータリスイッチを適した測定レンジに(　　)。

組み合う	合わせる

8) 50mm間隔で直径3mmのビスを(　　)。

打ち込む	ねじ込む

9) 送電線のたるみを小さくするためにボルトのゆるみを(　　)。

締め直す	取り直す

과학기술일원서 핵심문형 (3)

訳しなさい。

1. これは図におけるCDの長さにほかならない①。

①바로~이다, 틀림없다: 길이임에 틀림없다

2. 重要なことがらが伝えられているにもかかわらず①、……。

①전해지고 있는데도 불구하고

3. 電気の正体がわからず①、いらいらした人もいる。

①~을 몰라, 알 수 없어 「~ず=~ない」→「~ずは~ない」에 해당하는 고어,「ず(に」는「ないで」에해당 하는 고어로 쓰인다.「ずにナず」의 연체형「ぬ」는 구어체로 쓰인다

4. 動力を確実にすべらず①伝える。

①~미끄러지지 않고

5. ガソリンのみならず①、軽油も足りない。

①~뿐만 아니라

6. 一般に理論に基づく定義が長つづきせず①、……。

①長つづきする의否定→長つづきせず 오래 가지 않고

7. 1トンの鉱石からおよそ3gの試料が得られたにすぎない①。

①~にすぎない ~에 불과하다→ 얻어진 것에 불과하다

8. …は繊維から作られるとは限らない①。

①꼭 ~하다고는 할 수 없다. ~만이 아니다. 섬유에서 만들어 진다고는 할수없다.

9. …が満足の行かない①場合が多い。

①~하지 않는: 信頼の行かない製品 신뢰가 가지 않는 제품

10. 機械を長持ちさせる①ことにつながることも少なくない②。

①長持ちする의使役形 오래쓰게 할 ②少ない의否定 적지 않다

11. エンジンの調子が悪くて止めざるを得なかった①。

①「ざる」~하지않는ー「帰らざる時間」ー돌아오지 않는 시간 「~ざるをえない」~하지 않을 수 없다. 「止めるー 止めない ーとめざるをえない」멈추지 않을수 없었다.
「するーせずーせざるをえない」ー「したくなくても、せざるをえないこと」하고싶지 않아도 하지 않을수없다

12. 電気は私たちの生活に欠くことができない①ものである②。

①없어서는 안 될 ②것이다

13. 影響を特に受けやすいかというと、必ずしもそうではない①。

①「必ずしも~ではない」 반드시~인 것은 아니다

14. その間、温度は一定であったと認めざるべからず①。

①~하지 않을 수 없다 ~였다고 ~하지 않으면 안된다.

15. 強さや硬さが十分でないので、取りかえざるべからず①、

①~하지 않을 수 없다. ~하지 않으면 안된다.

16. 部品が組み合わされている①ことがわかる。

①짜여져 있는

17. 切りくずを出さないから①材料のむだが少なく、……。

①切りくず:칩(chip) 出す→出さない＋から 칩(chip)을 발생하지 않으므로

18. ロボットは人間並みに①器用な腕と手をもっている。

①~과 같은 수준으로, ~보다 못지않음, 동등한

集積回路とは

半導体特有の現象をはじめて発見したのは、1833年のファラディ①　である。彼は硫化銀の導電率が温度の上昇とともに増加すること見いだした。

しかし、半導体が脚光を浴びはめじのは、1948年ベル研究所でのトランジスタの発明により、トランジスタやダイオードなどの半導体素子を数百個，数千個集めて一体にした回路を、集積回路②という。

ICは１～４ｍｍ角で,厚さが0.4ｍｍくらいのチップ上につくられ、使用目的や種類によって、　集積される数や記憶される　情報量が異なり、それによって区別される　。

１チップ③に数十個の　素子が含まれるものをIC，100個以上含まれるものをLSI④，十万個以上含まれるものをVLSI⑤とよぶ。

①M.Faraday
②Intergrated　Circuit
③Tip
④LargScale Integration
⑤Very large ScaleIntergration

공업일본어 금속편

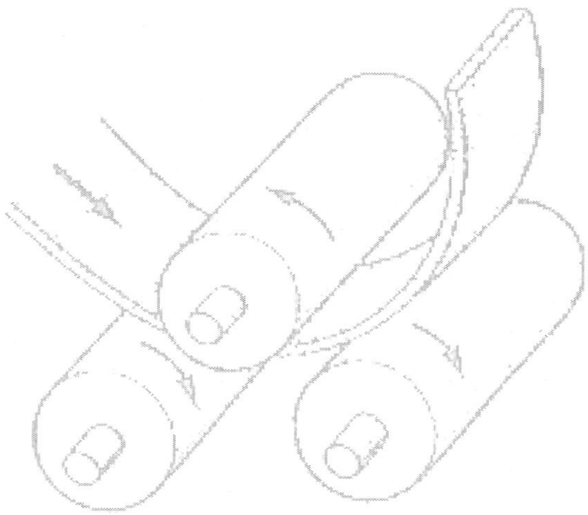

金屬이란 단일체중에서 고유한 광택을 갖고 있고 열이나 전기를 잘 전도하며 외력을 가하면 잘 늘어나거나 잘 펴지는 성질을 가진 물질이다. 비중이 4~5 이하의 것을 경금속, 그 이상의 것을 중금속이라 한다. 금이나 은처럼 산출량도 적고 아름다운 색깔까지 띠고 있어 보석용이나 고급 장식용으로 쓰이고 있는 귀금속, 일반공업용으로 널리 쓰이는 강이나 주철같은 철금속, 동이나 알루미늄같은 비철금속이 있다.

49． 鉄が燃えた後にできたものは①、燃える前と比べて重くなっている。

これはどうしてだろうか。何か別の物質が鉄と化合したのではないだろうか②。鉄が燃えた後にできた物質は、鉄とは性質がちがうものである③。これは、鉄と酸素が化合して酸化鉄という化合物ができたのである。

①「できる」→「木が燃えた後にできたものは炭である」나무가 탄 뒤에 생긴 것은 숯이다
②「する→した＋の＋ではない＋だろうか」~한것은 아닐까」
②「ものである」→「基礎式を導くために行ったものである」기초식을 유도하기 위해 실행한 것이다.

５０． 材料の選定が不適当であると①、目的の性能が得られなかったり②、コスト高になるばかりでなく③、ときには機械が破壊を起し、人命にもかかわる事故が生じることがある④。

①「である→であると」→「非合理的な方法であると十分な効果が得られない」비합리적 방법이라면 충분한 효과가 얻어지지 않는다.
②「得る→得られる→得られない→得られなかったり」얻어지지 않기도하고
③「ばかりでなく」→「試料が備えられなかったので実験ばかりでなく、講義もできなかった」시료가 갖추어지지 않았기 때문에 실험뿐만 아니라, 강의도 할 수 없었다)

51. 部品に衝撃荷重が加わった場合、もろい①材料であると②破壊するので、衝撃に対する粘り強さ③がないと④危険である。

①「もろい」부서지기쉽다　②「~であると」~이라면 「もろい材料である＋と」 외력에 약한 재료라면　③［粘り 強さ」강하고 질긴 성질(toughness)
④「ない＋と」없다면 이는「なければ」와 같은 조건형 이지만 「ないと」는 「②~であると」와같이 전제조건에 당연한 결과가 올때 할용된다.(문제2번 참조)

52. 鉄材料は、機械材料のなかでも、ひろい用途に最も多く使われているものであるが①、それは、鉄が強くて安価であり、比較的容易に生産することができるためである②。鉄材料は、大きく分けて鋼③と鋳鉄④に分けられる⑤。鋼は、圧延および鍛造などで塑性変形させて使われ、鋳鉄はとかしてから⑥鋳型⑦に入れ、鋳物として使われる。

①「使う→使われる→使われて＋いる＋もの＋であるが」쓰여지고 있는 것이지만
②「ためである」→「比較的短い寿命におわるものが多かったのはこのためである」비교적 짧은 수명으로 끝나는 것이 많았던 것은 이 때문이다.
③鋼: 탄소함량이 2.0% 이하인 철과 탄소의 합금, 일명 탄소강이라고도 함
④鋳鉄: 탄소함량이 2.0%~6.67%인 철과 탄소의 합금, 주철를 녹여서 만들어진 물건을 총칭하여 鋳物이라 함.
⑤「分ける→分けられる」나누어지다　⑥「溶かす→とかして＋から」녹여서
⑦「鋳る＋型」 만들려고하는 모형을 주물사를 이용해 공간상태로 만든형.

53. 金属に大きな力を加えると①変形し、その力を取り去っても変形が残る。このような塑性変形を利用した加工が塑性加工②である。塑性加工は、切削加工③に比べて、切りくず④を出さないから⑤材料のむだが少なく⑥、加工に要する時間も短いので経済的な工作法である。しかも鋳造品に比べて機械的性質⑦がよく、じょうぶで⑧軽い製品をつくることができるなどの⑨多くの特徴をもっている。

➡ 正しいところを選びなさい。(塑性加工は切削加工に比べて)

1 加工の 時間が(短い、長い)。　　2 切屑を(出す、出さない) 。

3 材料のムダが(多い、少ない)。　　4 精度が(高い，高くない)。

5 加えた力を取り去っても変形が(残る、残らない)。

①「加えると」가하면 (문제51참조)　②대장일처럼 두둘겨서 만드는 가공법 즉 칩이 발생되 않는 가공법　③깎아서 만드는 가공법 즉 칩이 발생되는 가공법　④칩(chip): 쇠붙이를 깎았을때 생기는 부스러기　⑤「出す→出さない＋から」　⑥「낭비가적고」→「切削加工は切りくずを削り出しますから材料むだが多い」절삭가공은 칩(chip)을 깎아내기 때문에 재료의 낭비가 많다　⑦재료의 성질중 기계적으로 측정 할수있는 성질, 즉 인장강도.경도.연산율등　⑧튼튼하고　⑨「作る＋こと＋が＋できる＋など＋の」만들 수 있는등의

54. 不純物を少しも含まない純粋な鉄をつくることは不可能で、工業的に生産される純鉄は、多少の不純物を含んでいる。純鉄は一般にやわらかく、展延性に富んでいるが①、機械材料として使われるのは、変圧器の鉄心や粉末冶金②の原料くらいである。

①「~に富む」・「~に乏しい」→「スプリング鋼は弾性に富んでいるが，延性に乏しい」스프링강은 탄성이 풍부하지만 연성이 부족하다
②「粉末冶金」 특수원소의 분말을 섞은 후 가열・압축하여 만든 공구 소재
＊「機」와 器」의 비교」：이 두 글자는 과학기술용어로 많이 쓰이는 글자이며 한국에서 발행되는 일본어 한자용어사전에서 가끔 오류가 발생되기도 하는 글자이다.
「機」는「베틀기, 기계기, 기회기」자이고 당해 물체가 동력을 발생하거나, 발생된 동력을 전달하는 기능을 가진 물체에는「機」자를 쓴다. 예를 들면 発動機, 変速機, 飛行機, 洗濯機등이고
「器」는「그릇기, 재능기, 국량기」자이고, 당해 물체가 질양의 보관이나 세기를 나타 내는 기능을 가진 물체에는「器」를 쓴다. 예를 들면 変圧器, 가스, 수도의 計量器, 각종 測定器등이다.

55. 一般に機器が精密になればなるほど①他の部品と組み合わせる際にはめあい公差②、面あらさ③などが満足の行かない④場合が多い。

①「~なる→なれば＋なるほど」정밀하게 되면 될수록
②「はめあい公差」 축과 구멍과의 끼워 맞춤 공차
③「面あさ」 표면거칠기
④「行く→行かない」「 信頼の行かない製品」 신뢰가 가지 않는 제품

56. 炭素をわずかに含んだ鋼は、焼入れる①まえはやわらかいものであっても②、焼入れると③ひじょうに硬くなる。炭素を0.6~1.5%含んだ鋼が炭素工具鋼であり、これを焼入れて刃物に使われる。この材料は、高温での硬さが低いので、刃先の温度が300℃付近に達するような刃物には使えない④。

①「焼く＋入れる→焼入れる」 담금 질하다, 탄소강을 가열한 후 급냉 시켜 조직을 단단하게 하는 조작법
②[である→であっても]→「研削加工するまえは粗いものであっても、研削加工をすると精巧なものになる」연삭가공을 하기 전에는 거친 물건일지라도 연삭가공 하면 정교한 물건이 된다 ③「焼き入れる＋と」→「やきいれる」의 조건형 담금질 하면 대단히 단단해 진다 *조건에 따른 당연한 결과가 왔다 (문제51참조)
④「使える→使えない」사용할수 없다「使える＝使うことができる」▶과학기술 일본어에서「~할수있다」의 경우 5단동사는「가능동사」를, 기타의 동사는「동사+ことができる」를 선호한다

57. カム軸①・カム・歯車などのように大きな力が加わりながら、摩擦運動を行う部品は、粘り強さ②をもたせるとともに③表面だけを硬くして耐摩耗性を高めることが必要である。

①「カム軸」캠축(camshaft) 계란 모양의 타원체가 붙어 있는 축, 이 축을 회전시키면 캠에 접촉된 상대 기구는 상하・전후 직선운동을 한다.
②「粘り強さ」→문제51참조
③「持つ→持たせる＋と＋ともに」→「耐摩耗性をもたせるとともに」내마모성을 갖게 함과 동시에

58. この超硬合金の出現により、硬くて削られなかった①材料であっても②、切削することができるようになった③。しかし、超硬合金は硬くてもろいので、複雑な形状の刃物はつくりにくい④。このように、工具材料にはさまざまな種類があり、それぞれの目的に合わせて選定することがたいせつである。

①「削る→削られる→削られない→けずられなかった」 깎기지 않았던(문제1참조)

②「である→であっても」→「硬くて折られなかった鉄板であっても」 단단해서 꺾기지 않았던 철판 일지라도

③절삭할수있게 되었다

④「作る＋にくい→作りにくい」 만들기 어렵다

「読みにくい」 읽기어렵다

「つくりやすい」 만들기 쉽다

59. 炭素鋼は、鉄(Fe)と炭素(C)の合金である。鋼とも呼ばれる炭素鋼は、炭素量によって機械的性質がちがい、一般に、炭素量の多い鋼ほど①引張強さ②やかたさ③が大きく、伸④が小さい。

①「多ければ多いほど」 많으면 많을수록→탄소량이 많은 강일수록
②「引張強さ」 재료에 외력을 가했을 때 그 힘에 견디는 힘
③「硬さ」 재료의 단단한 성질(경도,hardness), 내마모성과 관계가 큼
④「伸」 재료에 당기는 힘을 가했다가 제거했을 때 재료가 늘어난 양

60. 焼入れは、鋼をかたくしたり、強さをますために①適当な温度に加熱してから、水または油などで急冷する操作である。焼入れをした鋼はかたいが内部にひずみ②があり、もろいので③実用としては使えない④。

①「増す＋ために」늘리기 위해　②「歪む →歪み」스트레인(strain), 응력, 변형　③「もろい＋ので」브리틀(brittle) 취성, 부스러지기 쉬운 성질

④「使う→使える→使えない」＝「使うことができる」(문제56참조)

61. 合金とは、一つの金属に他の金属または非金属を加えてできた①金属的物質であり②、実用上、純金属よりもすぐれていることが多いものである。すなわち合金は、金属成分の種類や成分割合により、単一の純金属では得られにくいような③種種のすぐれた性質をもたせることができるものである④。

①「できる→できた」생긴. 생겼다 (문제1참조)

②[である→であり] 2 つの原素を化合させてできた材料であり、(2개의 원소를 화합시켜 만들어진 재료이며,)

③「得る→得られる→得られ＋にくい＋ような」얻어지기어려운. 얻어지기 힘든

④「持つ→持たせる＋ことができる＋ものである。갖게할수 있는 것이다

62. プラスチックは、軽くて成形加工が容易であるために①金属材料にかわって多く使われるようになってきたが②、金属と異なって再生がしにくく③、　廃棄物の処理がむずかしいなどの欠点がある。

①「～であるために」→「交通が便利であるために人口が増える」교통이 편리하므로 인구가 늘어난다

②「使う→使われる＋ように＋なる→使われるようになって＋くる＋が」사용하도록 되어 왔지만. 쓰여져 왔지만

③「する＋にくい→しにくく」재생이 어렵고

63. 金属材料でも、鉄・鋼・アルミニウムなど成分が純金属であると①、強さや硬さがじゅうぶんでないので②、それぞれの金属がもっている利点を生かし、欠点を改善するために合金にして用いることが多い。

①「～であると」→「人間にかわるべき機械がロボットであると」인간을 대신해야 할 기계가 로봇이라면

②「～でので」→「感覚機能が十分でないので」…。감각기능이 충분하지 않기 때문에,…

64. 鋳物は、一般に、寸法精度や表面粗さ①がよくないなどの欠点がある。また、鋳物の形状によっては鋳物各部の機械的性質に差が生じ、内部に巣②などの欠陥が生じやすい③。

①「表面粗さ」표면 거칠기
②「巣」 쇳물의 응고 과정에서 생기는 공기구멍(blow hole)
③「生じる＋やすい」생기기 쉽다/「生じにくい」생기기 어렵다

65. 一般に、硬い材料は、強さが大きく伸びが小さいので、硬さを調べると、およその機械的性質がわかる。また、硬さは耐摩耗性と関係があるが、硬い材料ほど①もろいので、軸などでは表面を硬くして、内部は粘り強さをもたせるために表面処理②が行われる③ 。

①「材料ほど」→「硬ければ硬い材料ほど」→「硬い材料ほど伸びが小さいので」 단단한 재료일수록 늘어남이 작기 때문에 「精密になればなるほど」정밀하면 할수록 (문제55참조), 「炭素量の多い鋼ほど」탄소량이 많은 강일수록 (문제59참조) ②부품의 표면만 단단하게 하는 열처리 ③「おこなう」의수동

66. 溶接をリベット継手①などの他の機械的な接合法に比べた場合の利点として、気密・水密が得られること②、材料の厚さに制限がないこと③、継手の信頼性が高いこと、軽量化できること、材料と経費の節減および作業能率の増進ができることなどがあげられる④。

① 「リベット継手」 리벳(rivet) 이음

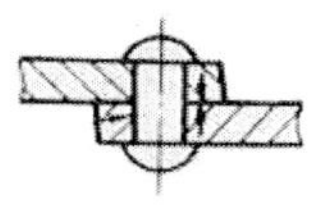

② 「得る→得られる＋こと」 얻어질것.유지될것
③ 「制限がないこと」 제한이 없을것
④ 「挙げる→挙げられる」→「精巧な生産ができることなどがあげられる」 정교한 생산을 할 수 있는 것 등이 거론된다.

67. 噴射加工は砥粒①などを加工物に吹き付ける工作法である。はじめは、やすりやワイヤブラシの手作業にかわって鋳物の砂落とし②や、ばり取り③に用いられていたが、現在では表面仕上げ④など、その利用範囲が広くなっている。

① 「砥粒」 단단한 모래 입자나 금속입자(abrasive grain)
② 「砂落し」 모래털기→ 주물표면에 붙어있는 모래털기
③ 「ばり取り」 지너러미 따기→ 상・하 주형 사이에 쇳물이 스며 나온 것을 따냄
④ 「仕上げ」 마무리. 다듬질→표면다듬질등.

68. 鋳造とは材料を溶かして、**いがた**とよばれる型に流し込み**ぎょうこ**させて形をつくる加工法である。この方法でつくられた製品を**いもの**とよぶ。自動車のシリンダ·ブロック①、**こうさくきかい**の本体やテーブル②は鋳造でつくられる。**ふくざつ**な形のものを**ようい**につくることができるが、手間がかかり、製品の強さが低い。

漢字を書き入れなさい。

いがた　(　　　　　　)　ぎょうこ　(　　　　　　)

いもの　(　　　　　　)　こうさくきかい　(　　　　　　)

ふくざつ　(　　　　　　)　ようい　(　　　　　　)

考えてみよう。

1. 「引張り強さ」と「粘り強さ」と「硬さ」との違い。
2. 「リベット継手」と「ボルト・ナット継手」との違い。
3. 「ばり取り」と「面取り」との違い。
4. 「距離」と「道のり」との違い。

①「シリンダ.ブロック」 실린더 블록(cylinder block) 엔진본체

②「テーブル」 테이블(table) 공작기계에서 공작물을 올려놓고 고정시킬수 있는부품

③「手間がかかり」 품이들고

レスト・ハウス (1)

次のツールの名称を例から選びなさい。

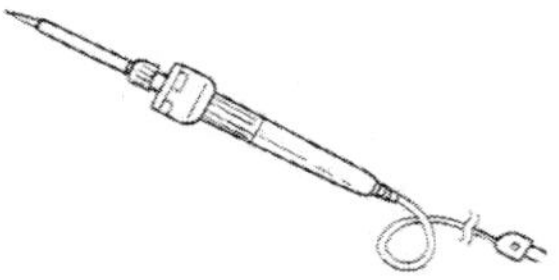
① (　　　　　)

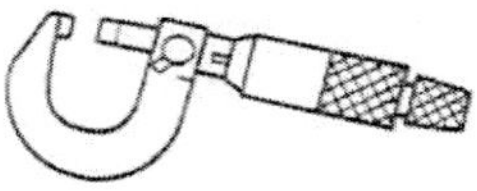
② (　　　　　)

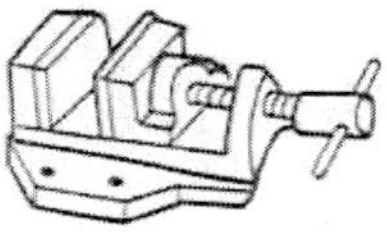
③ (　　　　　)

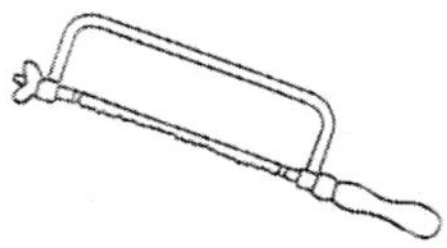
④ (　　　　　)

⑤ (　　　　　)

⑥ (　　　　　)

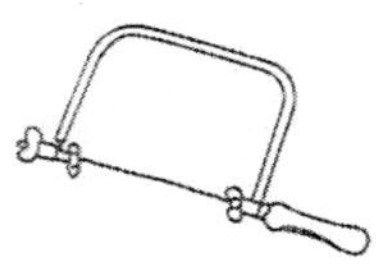
⑦ (　　　　　)

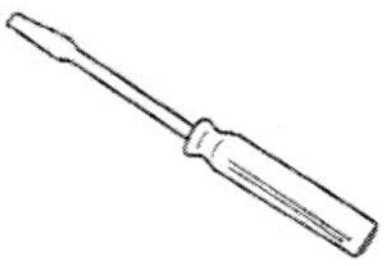
⑧ (　　　　　)

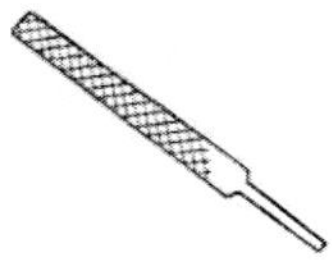
⑨ (　　　　　)

⑩ (　　　　　)

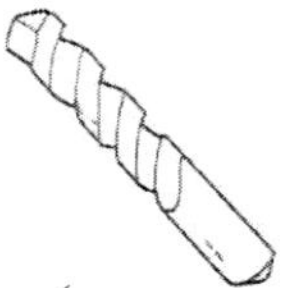
⑪ (　　　　　)

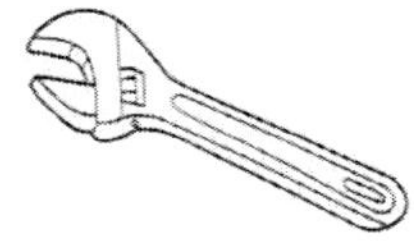
⑫ (　　　　　)

例:				
例:	金槌(ハンマ)	金のこ	糸のこ	ドライバ(ねじ回し)
	ハンドドリル	やすり	のギス	はんだごて
	バイス	ドリル	モンキーレンチ	マイクロメータ

レスト・ハウス (2)

次は操作用語である。説明に合う言葉を選びなさい。

① 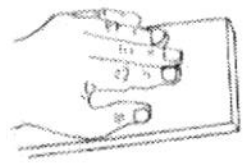 一方向に力を入れて、支えること。……… (つかむ・押さえる)

②  手に取ること。……………………………… (持つ・握る)

③  手の指をそろえて内側に曲げて物体に密着させて持つこと。……………………………… (つかむ・握る)

④ 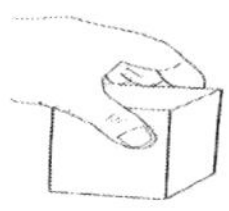 大きな物をチャック状の道具、または手の指を曲げ、手のひらとの間でしっかりとらえること。 (取る・つかむ)

⑤  小さな物を指先やピンセットで挟み持つこと。 (つまむ・持つ)

⑥ 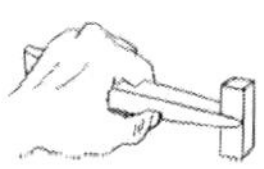 対象物を間に入れて両側から落ちないように固定すること。……………………………………… (採る・挟む)

⑦  水などが染み込んだ布などを強くねじって、水分を出すこと。……………………………………… (絞る・ねじる)

⑧  液体を流して入れること。………………… (入れる・注ぐ)

과학기술일원서 핵심문형 (4)

訳しなさい。

1. 注目すべき①ことといわなければならない②。

①「べきだ」→「べき」는「べし」의연체형으로「응당 그렇게 해야 한다」의뜻으로 번역한다. 「동사기본형＋べきだ」이나 단「する일때는→するべきだ＝すべきだ」→「注目するべきこと」＝「注目すべきこと」주목해야할 점 「やすむべき時は休む」쉬어야 할때는 쉰다. ②「言う→言わない→言わなければ＋ならない」 ~라고 말하지 않으면 안 된다.

2. 電流が一定すべきであると①直流モーターを操作せざるを得ない②。

①「する＋べき＋であると」 일정해야 한다면 ②「~する→せず→せ＋ざるを得ない」 ~하지 않을 수 없다.

3. アスファルトの性状のうちで特記すべき ことは①、……。

①「するべき」＝「すべき」해야 할 사항은

4. 家庭機械を取り扱う場合に注意すべき①点を列挙すれば、

①「注意すべき」＝「 注意するべき」주의해야 할 점

5. このことがセラミックスを応用すべき①方向を示してもいる。

①「応用すべき」＝「応用するべき」응용 해야 할

6. 留意して競技を進めるべきだ①。

①「進めるべきだ」진행해야 한다

7. 穴あけすべく①かつ溝をほるべき②専用機が欲しい。

①「あなをあける→あなあけする」「べく」~하기위해 →구멍을 뚫기위해 ②홈을 파야할

8. 原則は適用されるべきものであり①、……。

①「する→される＋べき＋もの＋であり」적용 되어야 할 것이고

9. データベースは、人間でいえば①、脳中枢ともいうべきものであって、

①「いう→いえば」인간으로 말하면 ②뇌중추 라고 해야할 물건(부품)이고

10. 顔を見ながら話せるテレビ電話が普及すべく①技術開発が進んでいる。①「べく」는「べし」의연용형으로 ~하기위해→보급 하기위해

11. 歯車がなめらかにかみあう①かどうかは点検すべきことだ②。

①「噛む＋合う」기어가 스므스하게 맞물릴지 ②점검 해야 할 점이다

12. キーとなるべき①項目は必ずしも一つではない②。

①「～と＋なる＋べき」키-가 되어야 할 ②「必ずしも～ではない」반드시 하나인 것은 아니다

13. 欠くことのできない①役割を果たしている。

①「かく＋ことのできない」없어서는 안 될

14. すなわち線形であるところから①線形計画法と呼ばれる②。

①「である＋ところ＋から」선형이기 때문에 ②「呼ぶ의受身」~라고 한다(불리어지다)

ちょっと一息（ひといき）
ミニカー教習所（きょうしゅうしょ）

(78)

お帰(かえ)りなさい、どうでした？
え？
また、だめだったの。
まあよかった。
だめでよかったということがあるかっ。
運転(うんてん)免許(めんきょ)の試験(しけん)に落(お)っこちたのよ。
パパ何(なに)をプリプリしてるの？

またあ！？
がっかりだ
なあ。
これで
いいのよ。
パパの動(うご)かす
車(くるま)なんて
あぶなくて
乗(の)れますか。
でもなあ。マイカー
でドライブってのやってみたいよな。
どうして落(お)っこちて
ばかりいるんだろ。
下手(へた)だか
らだろうね。
きみににて
運動(うんどう)
神経(しんけい)が
にぶいんだよ。
よけいな
とこばっかり
にちゃって
もう！
きみたちに
いっておくが、
運動(うんどう)
神経(しんけい)
のせい
じゃ
ないっ。
会社(かいしゃ)が
いそがしくて
教習所(れんしゅうじょ)へ
行(い)けないからだ。
練習(れんしゅう)
不足(ぶそく)の
せいなのだ。
だったら毎日(まいにち)
その辺(へん)で
練習(れんしゅう)すれば
いいのに。
ばかいえ、
免許証(めんきょしょう)が
なくちゃ道路(どうろ)を
走(はし)れないんだぞ。
じゃ、庭(にわ)で
やれば？
車(くるま)が入(はい)る
ような庭(にわ)かね。

あ〜あ。
練習(れんしゅう)さえできたらな。
なんとかならない？
なるとも。
「ガリバートンネル」で小(ち)さくなって。
ミニカーを運転(うんてん)すればいい。
コースは交差点(こうさてん)とかいろいろ作(つく)ればいいんだろ。
ここなら事故(じこ)の心配(しんぱい)もないし。

できた、パパをよんでこよう。
ちょっと待(ま)った。
まずテストをしてから。
えっ きみが運転(うんてん)を！？
心配(しんぱい)だ。
さあ乗(の)るぞ。
わあ。
どこをどうするのかさっぱりわからない。
まずキーを回(まわ)してエンジンをかける。
こう？
カチッ
左足(ひだりあし)でクラッチをふみこむ。
グッ
ギアをローにいれて……
ガク
右足(みぎあし)で軽(かる)くアクセルをふかしながら、
静(しず)かにクラッチをつなぐ。
こ、こうか？

静(しず)かにと
いったろ！
走(はし)り出(だ)したら
ギアをセカンドに！
アクセル
ふかしすぎ！
ガクガクガク
ゴロロロ
カーブでは
減速(げんそく)！
コースを
まるっきり
はずれてる！
うるさいな、
そばで
ゴシャゴシャ
いうから……
あ～～あ～～、
信号(しんごう)むし！
ガガン
こんな
ことに
なるんだ。
コースは
あっちだけど。
いいの！
ぼくは何(なに)ものにも
とらわれず自由(じゆう)に
走(はし)り回(まわ)りたいのだ。

家(いえ)のまわりをドライブしよう。
ここならだれにもめいわくがかからない。
まそれもいいだろ。
スタントカーみたいでおもしろい。
こないだゴミをうめたところだ。
ママ雑草(ざっそう)むしりをなまけちゃいけませんよ。

気分(きぶん)最高(さいこう)
とばせ とばせ 全速力(ぜんそくりょく)で。
ブロロロ
ギイン
ボテ ボテ
車(くるま)の音(おと)なんか聞(き)きたくないぞ。
だれだあ、庭(にわ)で車(くるま)を乗(の)り回(まわ)してるのは。
庭(にわ)で!
えっ、ぼくのために練習(れんしゅう)コースを?……
なんと親孝行(おやこうこう)な……

あれっ、ちゃんと動(うご)かせるじゃない。
当(あ)たりまえだ。
ほんとはぼくは運転(うんてん)がうまいのだ。
先生(せんせい)が横(よこ)についててうるさくいうから悪(わる)いのだ。
あざやか！
おそれ入(い)りました。。
これなら合格(ごうかく)まちがいなし。
ギューン

自身(じしん)がついた。
ふつうの道路(どうろ)を走(はし)ってみたい
あぶないよ！
やめた方(ほう)がいい。
だいじょうぶ。こんなおもちゃ、人(ひと)をはねとばす心配(しんぱい)もないし。
気(き)をつけてね。
ドガチャガ
ダンプにぶつかった。
やっぱりパパは運転(うんてん)に向(む)いてないのかな。

공업일본어 자동차편

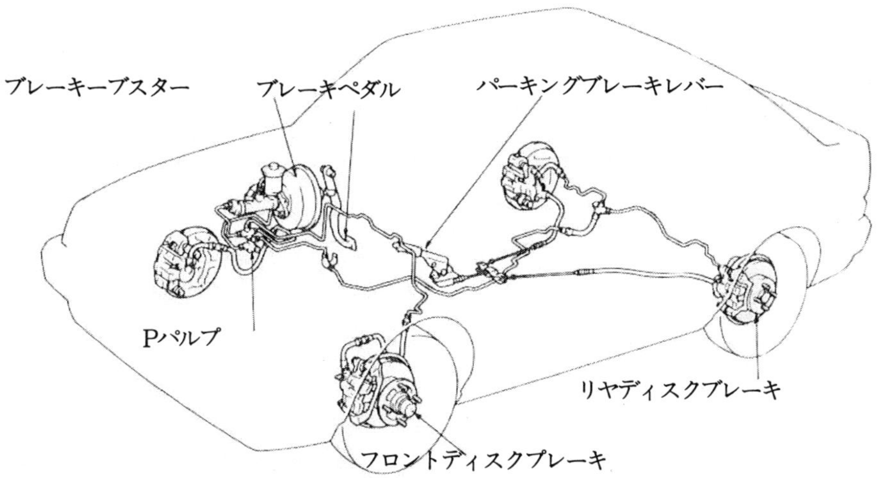

自動車란 원동기의 동력을 이용해 차륜을 회전시켜 궤도를 이용하지 않고 자유롭게 달릴 수 있는 차이다. 1482년 이탈리아의 태엽자동차, 1967년 프랑스의 증기자동차를 기점으로 자동차 시대가 시작되었다. 1886년 독일의 휘발유자동차, 1910년 미국의 포드자동차가 설립되었고, 한국에서도 1975년 현대자동차의 포니 생산을 시초로 눈부신 발전을 거듭해왔다. 앞으로 전기자동차의 개발이 기대된다.

69. ガソリン機関は、燃料と空気の混合気を吸いこみ、圧縮し、燃焼させ、燃焼の終わったガスを排出するという4つの作用をくりかえして動力を発生させている機関本体と、その働きを助けるいくつかの付属装置とで構成されている。この作用のくりかえしをサイクルという。ガソリン機関には、吸気、圧縮、膨張、排気の動作を4つの行程で1つのサイクルを完了する4サイクル機関と、２つの行程で圧縮・膨張・排気・**掃気**①の1サイクルを完了する2サイクル機関がある。

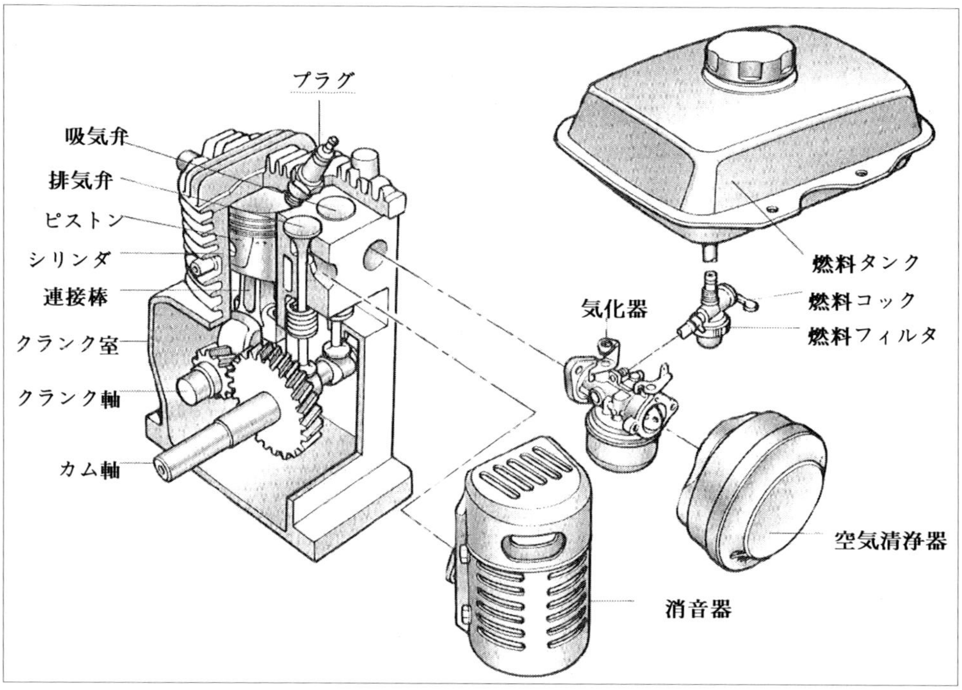

70.　4サイクル機関の特徴： 4サイクル機関はピストンの4行程で1サイクルを行う。4行程のうち回転力を与えるのは膨張行程だけなので、大きなはずみ車が必要である。ピストンの動きに合わせて、吸気弁と排気弁の開閉とこれらを動かす機構を備えているため、構造は複雑で重くなる。しかし作動が確実なため、圧縮比を上げることができるので、燃焼効率がよい。また、排出ガスを清浄化しやすく、点火プラグ② の汚れの体積も少ないので、始動しやすいなどの利点を備えている。大排気量の機関に適している。

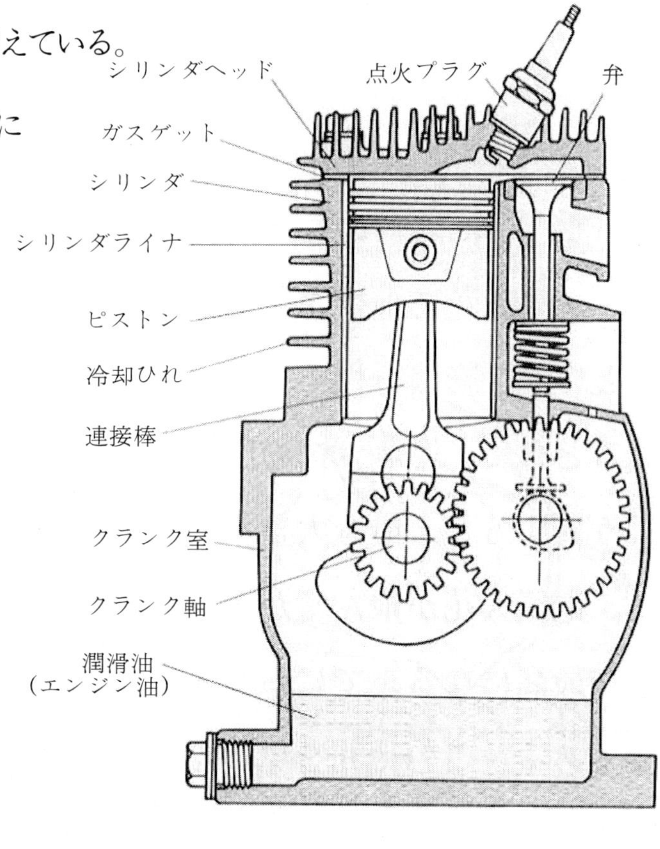

71． 4サイクル機関の作用：Ⓐピストンが下がるとき、排気弁が閉じ、吸入弁が開くようになっている。そうすると、混合気が吸い込まれる。Ⓑピストンが上がるとき、吸入弁が閉じるようになっている。そうすると、混合気がシリンダの中に閉じこめられ、圧縮される。Ⓒ圧縮された混合気は、圧縮作用が終わるとき、点火され爆発し、圧力の高いガスとなる。そうすると、ピストンが大きい力でおし下げられる。Ⓓピストンが上がるとき、排気弁が開くようになっている。そうすると、燃焼ガスが排出される。

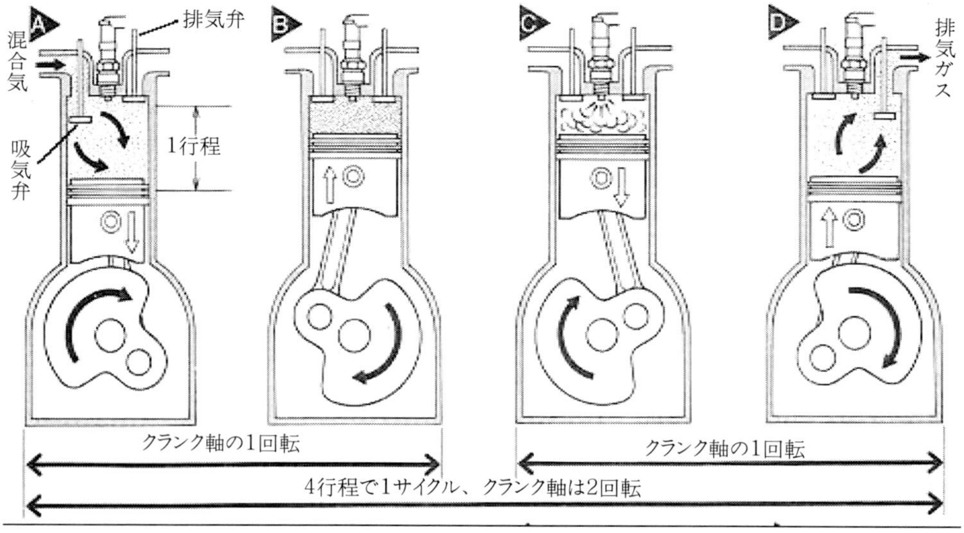

72. 2サイクル機関の特徴：2サイクル機関はピストンの2行程で1サイクルを行う。2行程で1回の燃焼があるので、小型のわりに大きな動力を得ることができる。また、弁装置やそれを動かす機構がないので、構造が簡単で故障が少なく、軽い。しかし、吸気口や排気口がシリンダ下部にあるのでピストンによって圧縮する距離が短くなり、圧縮比は4サイクル機関に比べて低く、熱効率が悪い。また混合気の一部が排気とともに排出することがあるので、燃料が不経済になり、排出ガスの清浄化ができなくなる。小排気量の機関に適している。

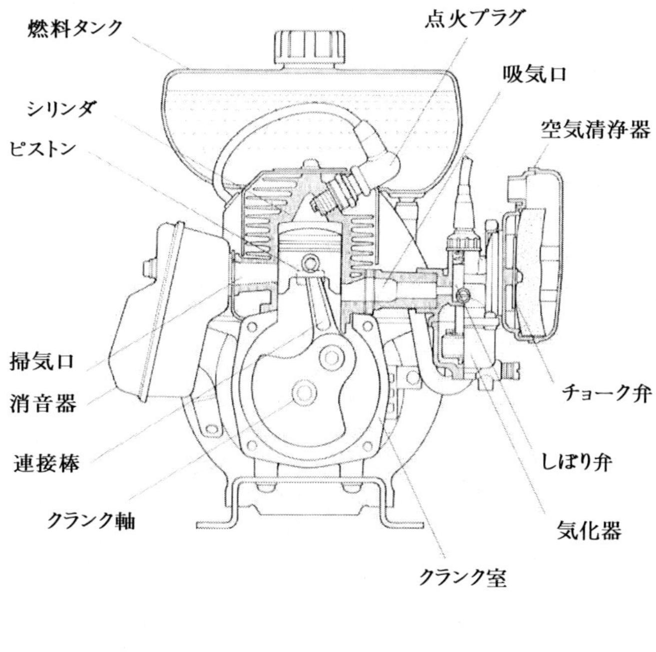

73． 2サイクル機関の作用：(1)圧縮が進むと、ピストンの下側で吸気口が開き、新しい混合気がクランク室に吸いこまれる。(2)圧縮された混合気が点火され、燃焼ガスの圧力でピストンはおし下げられる。(3)ピストンが下がると、排気口が開き、排気が始まる。ついで掃気口も開くと、クランク室で圧力を高められた新しい混合気がシリンダに送り込まれて、燃焼ガスを追い出して入れかわる。(4)掃気口が閉ざされ、ついで排気口が閉じると、圧縮が始まる。吸気口は、またピストンにふさがれている。

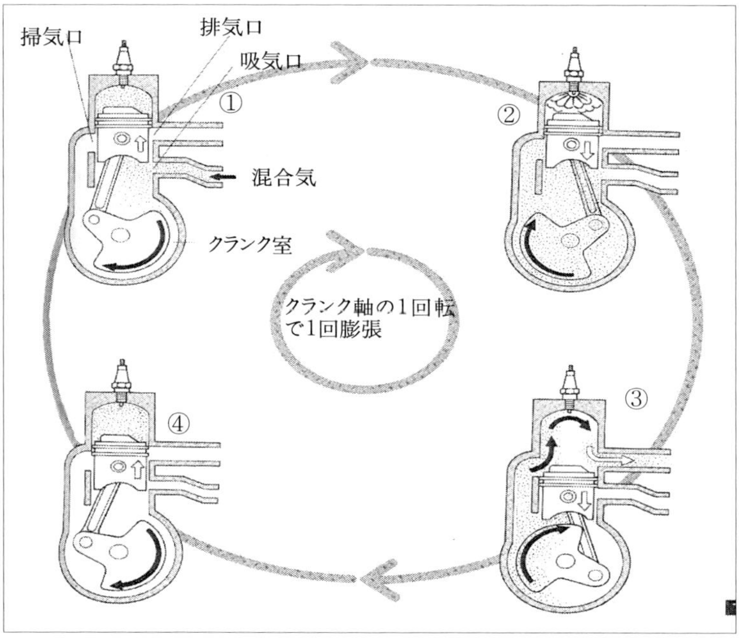

74. 自動車のメカニズムは大きく分けて、ボディ③、エンジン④、シャシー⑤の３つの部分から成り立っている。

この３つは、部分の上では分けて考えることができるものであるが、その働きからするとそれぞれが複雑な関わり合いを持っているため、単純に分類することが難しいともいえる。

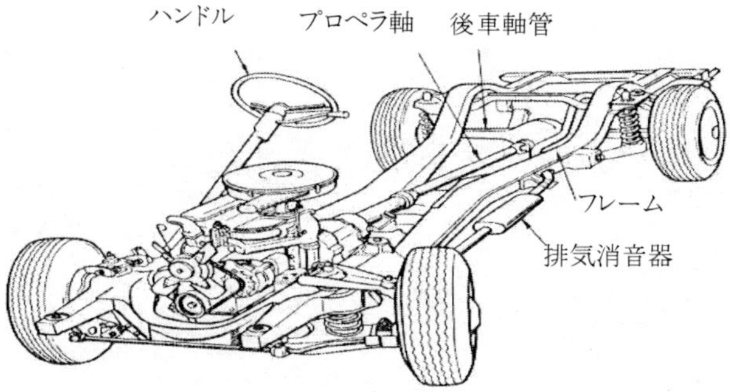

75. 自動車の車体はボディとシャシーで構成される。ボディは人や荷物を収容する部分で、自動車の外観でもある。このデザインの良し悪しが車の売行きを決めてしまうぐらい重要な部分である。

76. 4サイクル機関の本体は、シリンダ・ヘッド⑥ 、シリンダ・ブロック⑦ 、ピストン、連接棒、クランク軸、弁装置などからなっている。シリンダ・ヘッドは、シリンダのふたの役割をしている。シリンダ．ブロックは、ピストンを案内するシリンダを形づくっている部品である。これは、ピストンが内部で上下(往復)して混合気を燃焼(爆発)させる部屋となるので、強度的にも、また耐熱性にも優れたものでなければならない。

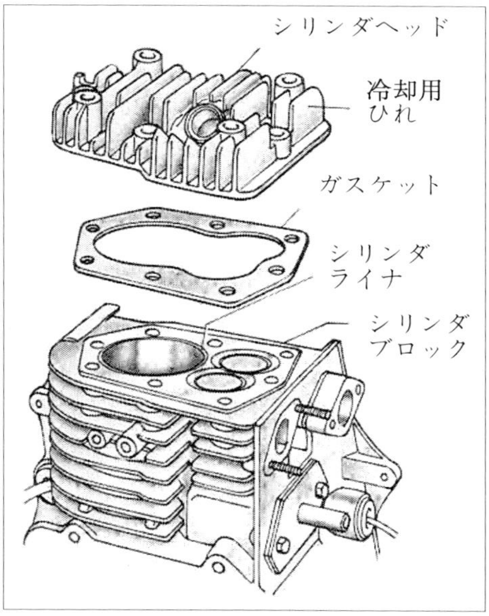

① 2싸이클기관에서는 혼합기의 공급과 연소가스의 배출이 팽창행정이 끝날 무렵 부터 압축행징의 시작 무렵에 이루어진다. 이때 실린더 내에 새로운 혼합기를 공급하면서 연소가스를 밀어내는 방법을 掃気라 한다.
② 点火プラグ: 점화프러그(plug) 전기적으로 불꽃을 티기는 장치
③ ボディ:(body) 자동차의 외형
④ エンジン:(engine) 자동차의 동력을 발생하는 부품
⑤ シャシー:(chassis) 자동차의 하중을 지탱하는 뼈대
⑥ シリンダヘッド:(cylinde head) 실린더 블록의 윗부분, 플러그.・밸브 등이 장착됨.
⑦ シリンダブロック:(cylinde block) 엔진의 몸체

77. コンロッドとは往復運動するピストンと回転運動するクランクシャフトとを結ぶものであるが、この動きは、ちょうど自転車をこいでいるときの人の足(ひざから下)と同じである。構造は図のように小端部と大端部からできており、小端部はピンを通してピストンと一体化し、大端部は分割してクランクシャフトを包みこむようになっている。

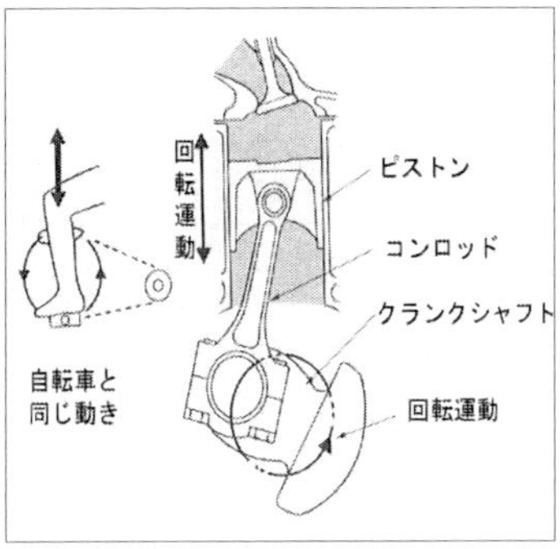

78. ピストンは、混合気が燃えるときの圧力を直接受け、シリンダー内で高速直線往復運動をくり返している。たとえば、3000rpm時では、1分間に3000往復している)。そのため、軽量で強度が高く、熱による膨張が少ないアルミニウム合金でつくられている。

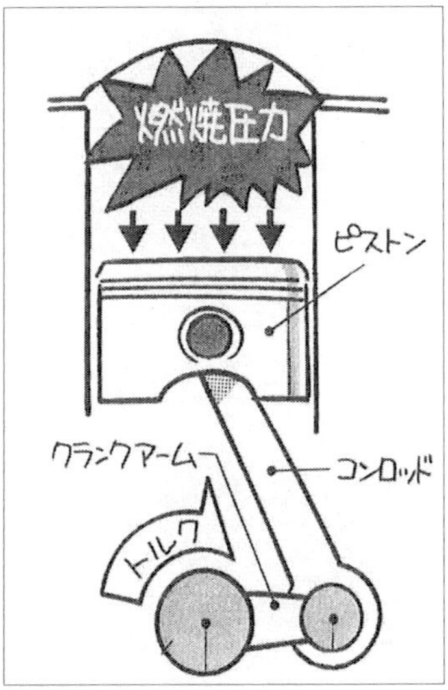

図のようにピストンはピストンピンによって連接棒に結合され、ピストン上部の3本の溝には、2本の圧力リングと1本の油かきリングがはめこまれている。

79. ピストンリングには、混合気の圧力を逃がさないようにし、またシリンダー壁面についたオイルが燃焼室に入らないようにする「コンプレッションリング」と、オイルのかき落としをおもな目的とする「オイルリング」があり、それぞれの働きで、シリンダーの機密性が保持されているのである。

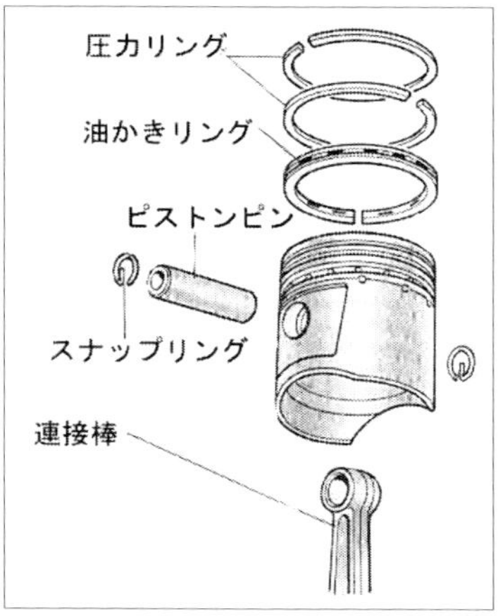

80. 弁装置：吸気弁と排気弁は，ばねによって弁座⑧に押しつけられている。カムの動きをタペット⑨に伝え、タペットが弁を開閉する。図は、弁がシリンダの側面にある側弁式である。 弁は、高温・圧力にさらされるので弁棒が、のびてくる。そのため、常温では、タペットと弁棒の間にすきまをつくってある。

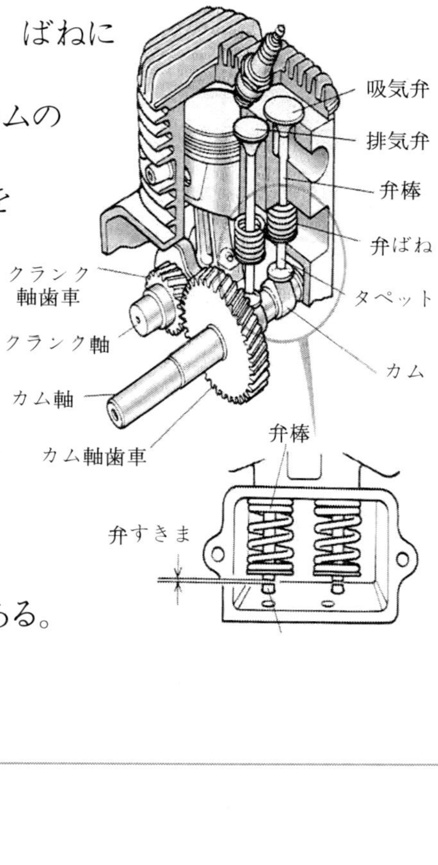

81. クラッチ(Clutch)とは、「~をしっかりつかむ」という意味の単語で、機械用語では連動機とも呼ばれ、エンジンからの動力をトランスミッションに伝えたりする部品である。すなわち

(1)停止又は変速時に、エンジンの動力をトランスミッションに伝えないようにする。

(2)発進時、エンジンの動力を徐々にトランスミッション以後に伝えて、車をゆっくり発進させ、エンジンに大きな負担がかからないようにする。

(3)走行中、エンジンの動力を確実にすべらず伝える。

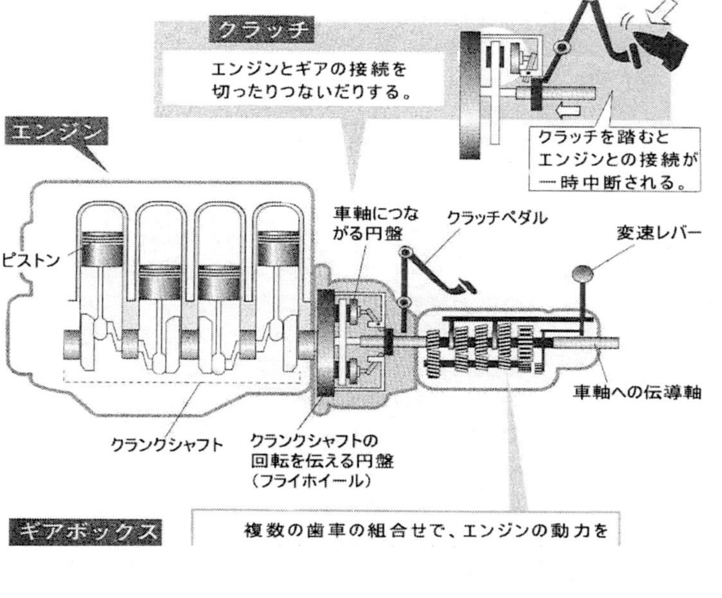

82. クランクシャフトは、図のような構造をしており、クランクジャーナルの中心が回転中心になっている。

ランクピンには、コンロッド⑩のビッグエンド⑪が取り付けられ、ここでピストンの往復運動が回転運動に変化している。またバランスウエイト⑫は、クランクピン⑬の反対側に取りつけられており、クランクピンに付いているコンロッドなどの重量物との回転バランスが取れるようになっている。

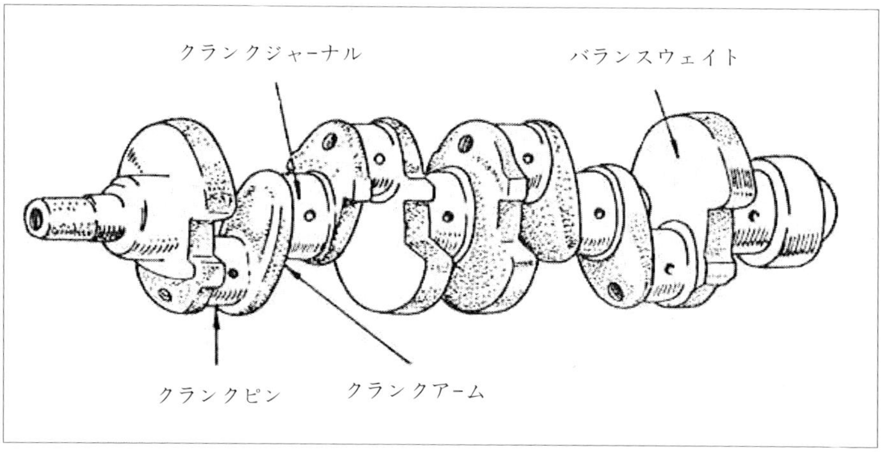

⑧弁座:밸브(valve)면이 닫는 상대의 면. 밸브시트(valve seat)

⑨ タペット:태핏(tappet) 밸브를 밀어 올리는 역할을 하는 부품

⑩ コンロッド:콘로드(con rod) ピストン과 クランク軸의 연결봉(connecting rod)

⑪ビッグエンド: コンロッド의 양 끝 중クランクピン과 연결되는 부분, ピストン과 연결되는 부분을 スモールエンド(小端部)라 한다.(77번 참조)

⑫バランスウェイト:(balance weight)クランク軸의 회전밸런스를맞추기위한 부분

⑬クランクピン:크랭크 핀(crank pin)コンロッド의 ピックエンド가 연결되는 부분

83. 日本語で弾み車と呼ばれるフライホイール[14]は、図のような形をした周囲にギヤの付いた円板であり、かなりの重量を持っている。爆発エネルギーエネルによって回転するエンジンは、電気モーターのようにスムーズに回らず、回転ムラ[15]が起きてしまう。これを重量のあるフライホイールを回すことで,平均化して安定した回転を得ようとしているのである。

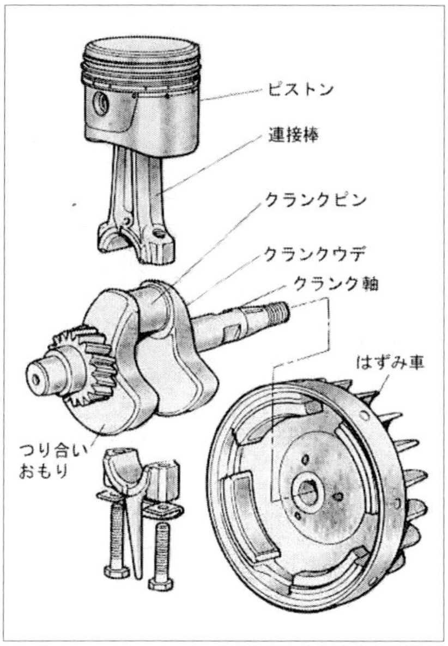

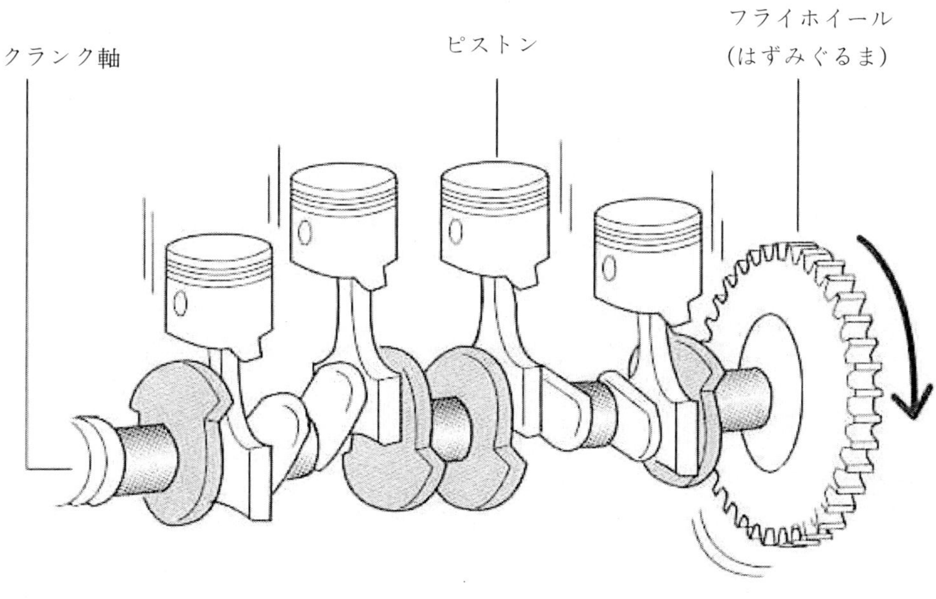

84. プロペラシャフト:図のようにプロペラ軸の両端にユニバーサルジョイント(自在継手)と呼ぶ部品が取り付けられて、なめらかなトルク伝達を行っている。これは、路面の凹凸や加減速による車体の傾きでエンジンとディファレンシャル⑯を結ぶ角度が変化するためで、同時に両者の距離の変化にも対応できるようになっている。

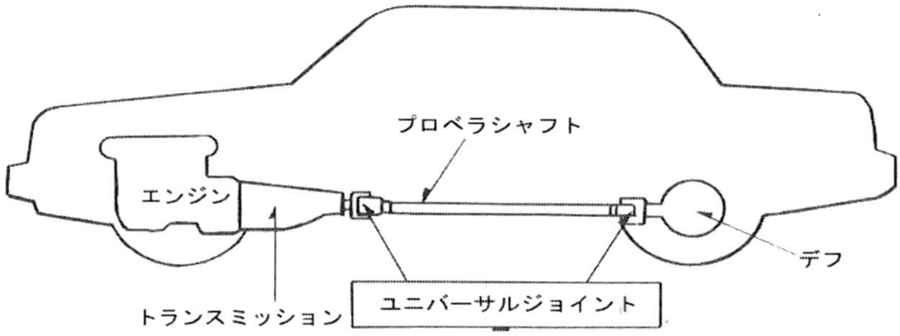

⑭フライホイール:플라이 휠(fly wheel) 크랭크 축의 회전을 스므즈하게 하며 스타트모터와 연결되어 있어 시동 시 크랭크축을 회전시킨다.
⑮回転ムラ: 스므즈하지 못한 회선
⑯ディファレンシャル:(differential) プロベラシャフト의 회전을 감속시켜 그회전력을 뒤쪽 양쪽바퀴에 전달한다

85. プロペラシャフトと自在継手⑰は、エンジンの動力を確実に、しかも円滑に駆動装置へ伝達できるようになっていることがたいせつである。これらがじゅうぶんに整備されていないと、高速走行のときに異常な振動や騒音を発生し、走行に危険を招くことになる。プロペラシャフトの自在継手は次のように分解する。

(1)ヨーク⑱とプロペラシャフトに合い印をつける。

(2)十字軸のクリップを外し、図のように、十字軸継手ヨークの腕の部分をハンマで軽くたたくと、その反動で軸受が抜ける。

(3)レース*に傷をつけたり、針状ころ*を落としたりしないように静かに抜き取る。

(4)同じように、反対側のレースを抜き、十字軸継手ヨークを十字軸から取り外す。

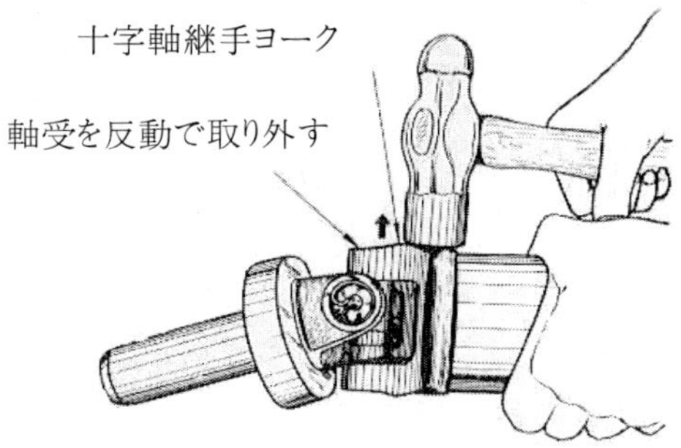

⑰「自在継手」주동축과 종동축을수평・수직으로연결할수 없을 때사용하는연결법 ⑱「ヨーク」요크(yoke)

*「レース」레이스(race)→ radial boll bearing 이나 roll bearing에서 boll이나 roll이 빠저나가지 못하도록 하는 bearing부품.「針状ころ」니들롤러(needle roller)→ radial boll bearing에 쓰이는 가늘고 긴 roller로서 boll bearing에서 boll과 같은 역할을함.

86. 懸架装置：タイヤが路面に接しているから駆動力や制動力などを発揮することができる。しかし、路面は常に平坦であるとは限らない。未舗装路の凹凸はもちろん、舗装路でも微妙なうねりなどがあったりする。そこで、車輪の上下の動きを可能とし、常に設置できるようにする装置が必要だ。これが懸架装置で、一般的には英語でサスペンション[19]と呼ばれることのほうが多い。

サスペンションは、タイヤの接地状態を確保すると同時に、路面の凹凸によって発生する振動を車体に伝えないようにして乗り心地を良くする縁の下の働き者である。

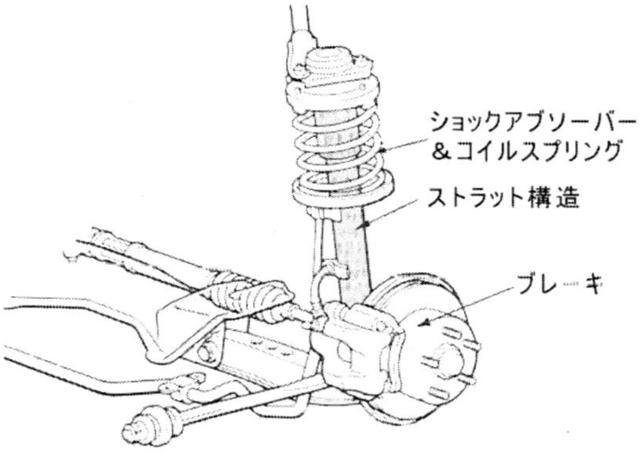

⑲「サスペンション」(suspension) 현가장치. 자동차의 차체와 바퀴사의 스프링 장착 장치

87．始動装置：エンジンはいったん動き始めれば、自分で発生した運動エネルギーで動き続けられるが、始動の際には混合気の吸入と圧縮のために、外からの運動エネルギーが必要になる。大昔は人力でクランクシャフトを回して始動していたが、現在の自動車は電動モーターによる始動装置を備えている。このモーターをスターターモーターという。

電動モーターの先端にはピニオンギヤ[20]（外歯歯車）が備えられている。また、フライホイールの周囲には歯車が刻まれ、外歯の歯車にされている。この両者を噛み合わせ、充電装置に蓄えられた電力で電動モーターを回せば、クランクシャフトが回せる。しかし、始動後も噛み合わせておくと、今度はエンジンが電動モーターを回すことになり、エンジンの出力が奪われる。そこで、始動装置には電磁石を利用したマグネットスイッチが備えられ、始動の際にだけ歯車が噛み合うようにされている。

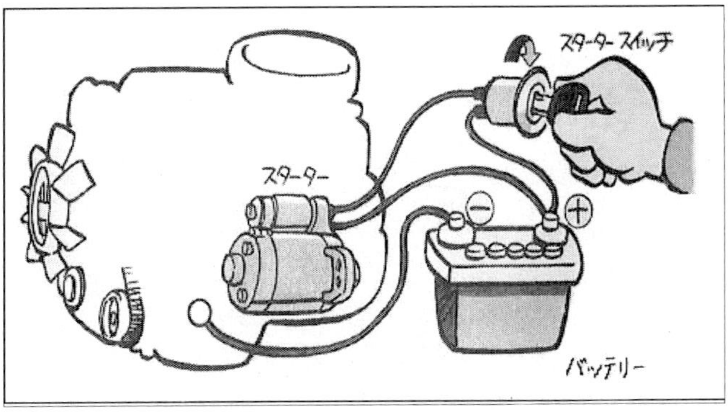

88. 冷却装置: 燃焼・膨張行程で発生する熱は、燃焼ガスだけでなく、ピストンやシリンダーも温める。この熱でエンジンが過度に高温になるとさまざまな問題が起こる。そのため、エンジンには冷却装置が備えられていて、不必要な熱エネルギーを放熱という方法で空気中に捨てている。

エンジンの冷却方式には空冷式と水冷式がある。空冷式はクーリングフィン[21]と呼ばれる凹凸をエンジンの周囲に設けて表面積を大きくして放熱を高める方式だが、水冷式に比べて効率が悪いので、現在ではあまり採用されていない。水冷式は、エンジン内部に水(冷却水と呼ぶ)の通路を作って、エンジンの熱エネルギーをいったん水に移し、熱エネルギーで熱くなった水を放熱器(放熱の効率を高めた装置)に送って放熱させる。放熱して冷えた水は再びエンジンに戻される。

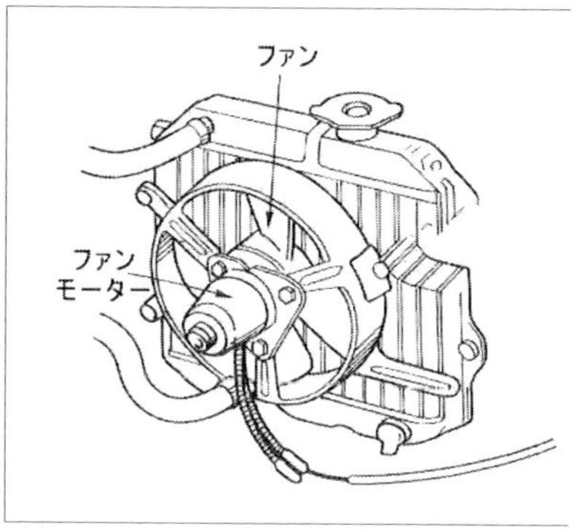

⑳ピニオンギヤ:(pinion gear) 큰 기어와 작은 기어가 맞물려 있을 때, 작은 기어를 피니온 기어라 함. ㉑クーリングフィン:(cooling fin) 공랭식에서 냉각면적을 크게 하기 위해 만든 주름

89. 図のブレーキ装置は、自動車を減速または停止させるものであり、自動車の走行を安全にするために最も重要な装置である。

また、ブレーキがきかないと、衝突したり、危険を避けたりすることができなくなり、重大事故となりやすいので、法令によって2系統で作動するような構造に義務づけられており、もしも1系統が故障しても、もう一つの系統を働かせて、確実に停止できるようにしている。

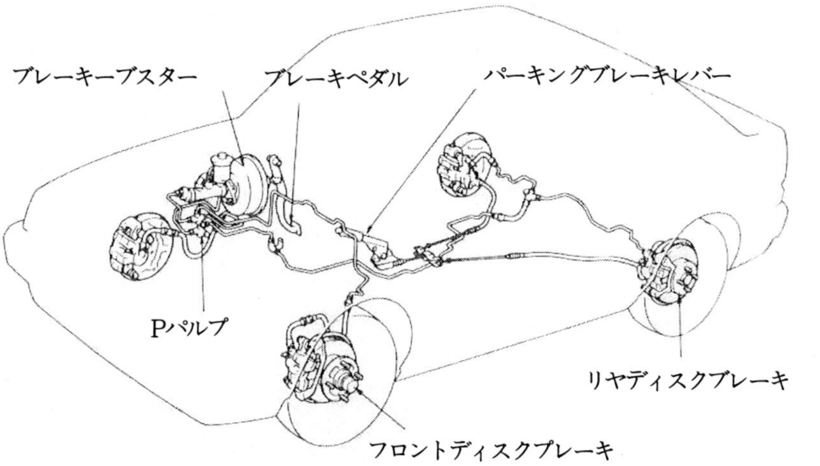

90. ブレーキ(制動装置)と呼ばれる機構がエンジンの出力に十分見合った性能を発揮するものでなければ、まちがいなく大きな事故を引き起こしてしまう。このようにブレーキは自動車の手綱[22]であり、安心して走行するためには、この機能がエンジン性能に勝るほどの能力を持っていることが大切である。

この本の中では最終セクションとして取り上げたブレーキであるが、これはこの装置をないがしろにしているからではない。自動車のメカニズムを知る上で「トリ[23]」ともいえるこの装置は、あらゆる意味で重要であり、ドライバーの深い理解も必要なものである。

㉒手綱: 고삐. 자동차의 브레이크는 말을 탈 때 고삐의 역할과 같다는 뜻.

㉓トリ: 드라마나 영화 등의 인기물에서 제일 마지막에 등장하는 주인공. 브레이크는 자동차 부품 중에서 안전상 가장 중요한 부품이라는 비유어

91. 下の図は駐車ブレーキの構成である。駐車ブレーキの点検は

(1) ブレーキレバーをいっぱいに引いたとき、ラチェットがかみ込んで、止められた状態を保つかどうかを点検する。

(2)ブレーキレバーをいっぱいに引いた状態で完全にブレーキレバーが止められ、また、この状態で引きしろ㉔に余裕があるかどうかを点検する。

(3) 効きぐあいが十分であるかどうかを点検する。

(4) ブレーキレバーをもどしたときに、 完全にブレーキレバーが作用しない状態になるかどうかを点検する。

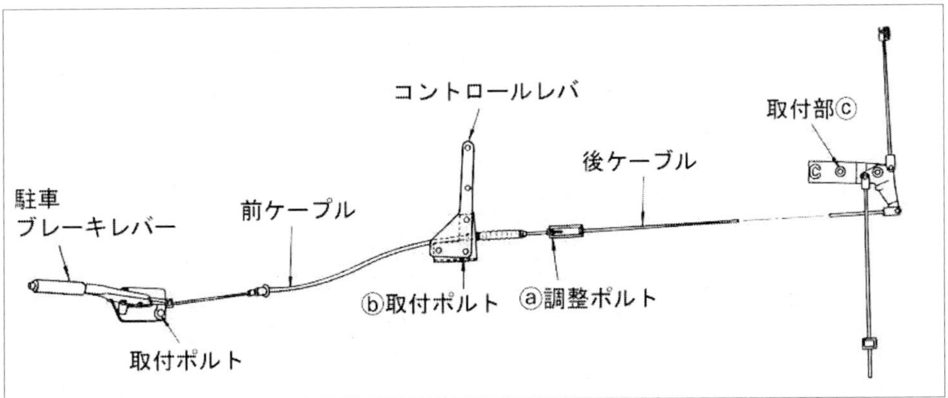

㉔「引きしろ」 당길 여유

92. 点火装置は、タイミングよく燃焼室内の圧縮された混合気に力強い火花を飛ばして、安定した燃焼状態をつくり出す働きをしている。点火装置は次の３つの部分から成り立っている。

①イグニッションコイル㉕→バッテリーの電圧を増幅して高電圧を作り出す。

②ディストリビューター㉖→エンジンの状態から、火花を飛ばす正確なタイミングを決めて、各シリンダーのスパークプラグに順序よく電気を分配する。

③スパークプラグ→高電圧を受けて、燃焼室内に火花を飛ばす。

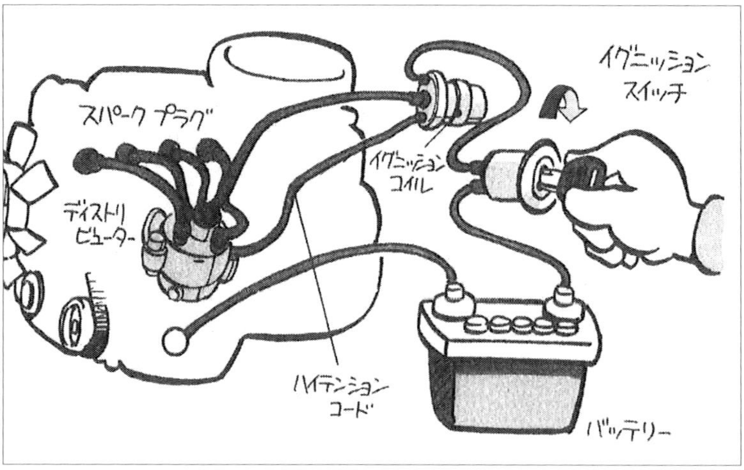

㉕「イグニッションコイル」(ignition coil) 가솔린 엔진의 점화용 변압기
㉖「ディストリビューター」(distributor) 배전기

93. 「最高速度」「馬力」「トルク㉗」と性能を表わすいろいろな数値があるが、カタログには最高速度は表示されないので、性能を比較するには、馬力やトルクの数値が重要になってくる。

普通、馬力は「PS/rpm」、トルクは「kg·m/rpm」で表わす。「rpm」は、1分間あたりのエンジン回転数を示す数値であるから、馬力もトルクも、あるエンジン回転数のときに発揮する最高値がカタログ数値㉘といえる。

1馬力とは「75kgの物体を1秒間に1m持ち上げる能力」と定義されている。またトルクとはタイヤを「回そうとする力」、すなわちタイヤを回そうとする「回転力」である。

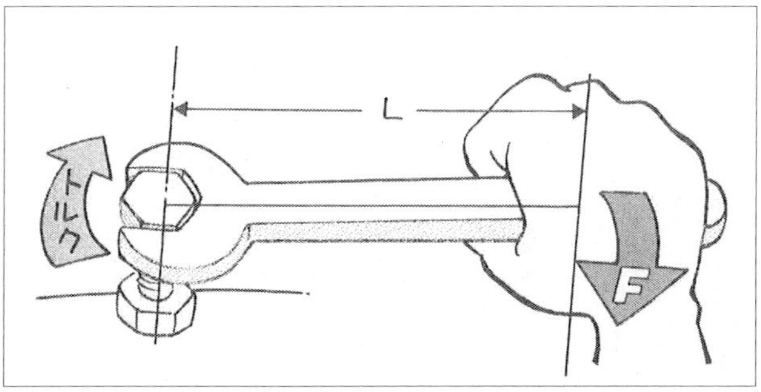

㉗ トルク:(torgue) 회전력
㉘ カタログ数値:(catalog 수치) 카탈로그에 기록되어지는 수치

94. 舵取り装置：自動車に求められる基本的な機能には「走る」「止まる」という動力の伝達に関わるもののほかに、もう1つ「曲がる」という働きがある。当然のことであるが、車道はまっすぐばかりではないのであり、交差点で進路を変えることは走行中に度々起こりうることなのである。

この曲がるという車の動きは、ドライバーがハンドル(ステアリングホイール)を回すと、自動車の前輪は右へ左へと角度を変えるわけである。この前輪の角度の変化により、自動車は旋回することができるのである。ハンドルを含めて前輪を動かす機構全般をステアリング㉙機構(舵取り装置)と呼んでいる。

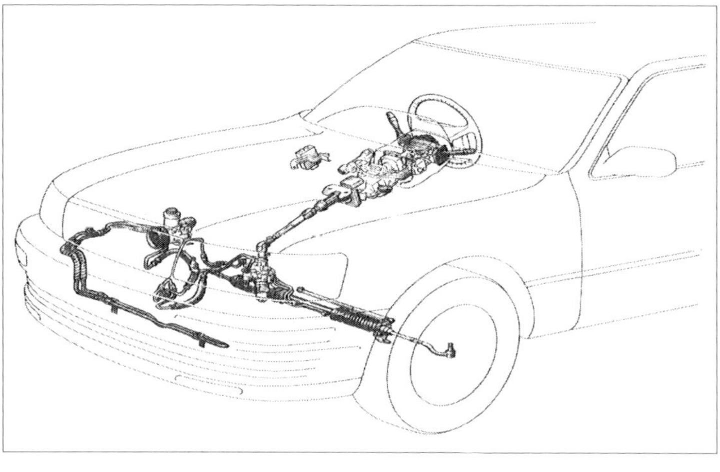

㉙ ステアリング：(steering) 자동차의 방향 변환 장치

95. ステアリング機構のしくみ：ハンドルを含めて前輪を動かす機構全般をステアリング機構と呼んでいる。ステアリング機構の構成部品は、次のようになっている。

①ハンドル(ステアリングホイール)：人間が操作する部分で、径が大きいものほどハンドル操作が軽く、逆に小さいと重くなる。

②ステアリングシャフト：ハンドルの回転を、次に説明するステアリングギヤに伝えるほか、事故の際、ドライバーがハンドルに胸を強打したとき、衝撃を吸収する機構が備えられている。

③ステアリングギヤ：ハンドルの回転を減速して大きな力を生み出す。また、ハンドルの回転運動を直線運動に変える場合もあを直線運動に変える場合もある。

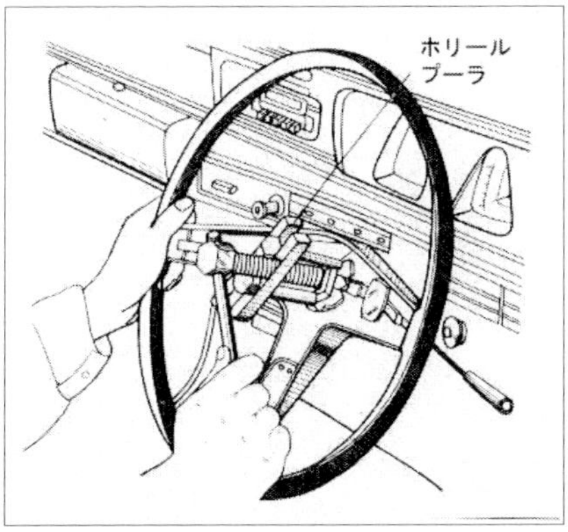

④リンク機構：数種のロッド(連結棒)の組み合わせで、ギヤ機構の動きをタイヤに伝える。

96. オートマチックトランスミッション：すでに100年を越える自動車技術の歴史のなかで、オートマチックトランスミッション[30]の登場は、かなり画期的なものだったと言える。この装置の最大の効果は、それまで３つあったペダル(アクセル、ブレーキ、クラッチ)を２つにできたということで、自動車の操縦方法を少なからず簡素化し、一般への普及に大きく貢献した技術の１つだということは間違いない。

オートマチックトランスミッションと一口にいっても、各自動車メーカーによってその方式は大きく異なる。ただ、どの方式にもいえることはマニュアルクラッチ[31]と、マニュアルトランスミッション[32]に相当する部分が組み合わされていることである。また、ドライバーが手や足で操作する代わりに自動的に動くわけであるから、その動力としてオイルの力(油圧)や磁力などが上手く組み合わされている。

特に最近は、コンピューター制御されたオートマチックトランスミッションが幅広く普及している。

㉚「オートマチックトランスミッジョン」(autometic transmission) 자동차의 자동 변속 장치
㉛「マニュアルクラッチ」(manual clutch) 수동용 크러치
㉜「マニュアルトランスミッション」(manual transmission) 수동용 변속장치

97. ディーゼルエンジンのしくみ：自動車エンジンにはディーゼルエンジンもある。ガソリンエンジンが「ガソリン」という燃料の種類を示しているので、軽油エンジンと呼んでもよいのだが、こう呼ばれることはなく発明者ディーゼルの名前で呼ばれている。ディーゼルエンジンも4サイクルエンジンの一種で4つの行程で運動エネルギーを生み出している。ガソリンエンジンとの違いは、点火プラグで着火せず自然発火を利用していることだ。

ガソリンエンジンでは圧縮行程で10分の1近くまで圧縮するが、ディーゼルエンジンでは20分の1前後まで圧縮する。気体は圧縮されると温度が上昇するが、20分の1前後まで圧縮されるとシリンダー内の空気は600℃以上になる。この熱によって燃料である軽油が自然発火し、燃焼が起る。ただ、ガソリンエンジンのように混合気の状態でシリンダー内に入れておくと、圧縮行程の途中の熱で燃焼が始まる恐れがあるため、ディーゼルエンジンではまず空気だけを吸入して圧縮。圧縮行程が終わったところでシリンダー内に燃料を噴射して燃焼させている。このため、ディーゼルエンジンのシリンダーには点火プラグがないかわりに、燃料噴射ノズル(燃料を噴射する部品)がある。

ディーゼルエンジンは圧縮比が高いため、ガソリンエンジンより運動エネルギーの発生効率が高い。つまり高出力エンジンが作りやすく燃料消費量が少ない(燃費がよい)というメリットがある。しかし、高圧に耐えられるように作る必要があり、エンジンが大きく重くなりやすい。

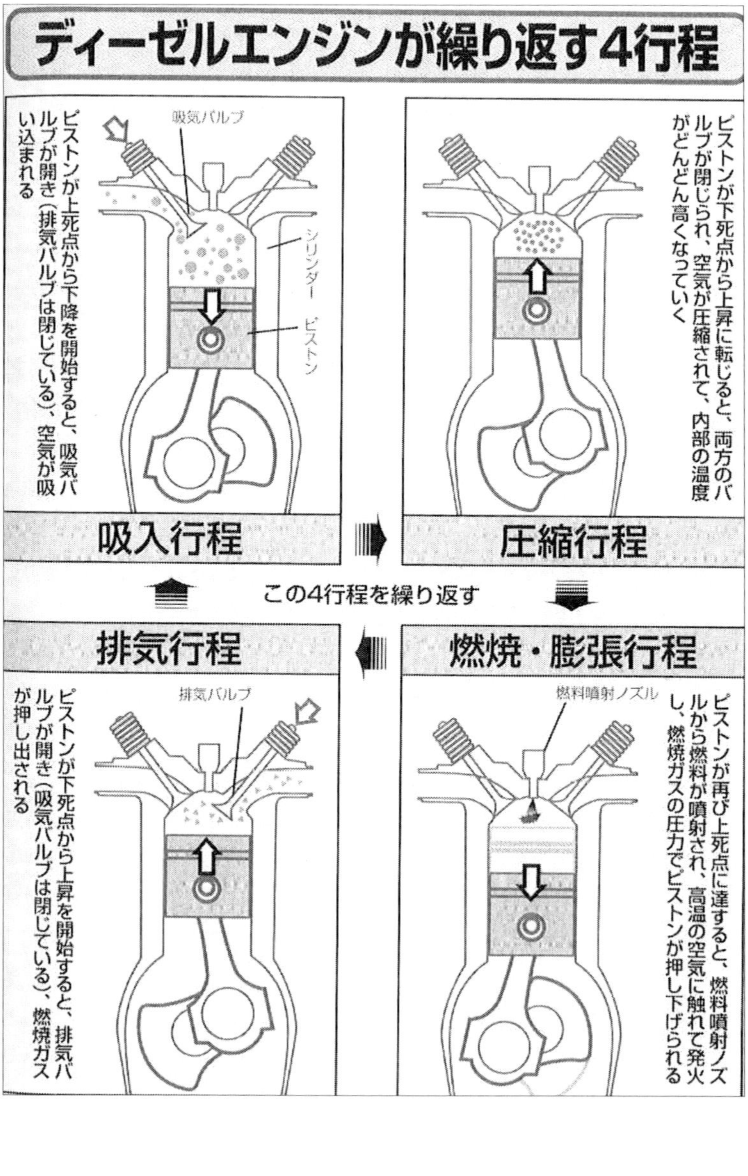

98. ロータリーエンジンのしくみ: ここまでに説明してきたエンジンは、どれもシリンダー内でピストンが往復運動するもので、往復運動を意味する。英語であるレシプロケーティング(reciprocating)エンジンを略してレシプロエンジンと呼ばれるものである。自動車車輪を回すための回転運動が必要になるため、レシプロエンジンでは往復運動を回転運動に変換する構造が必要になる。これに対して、ロータリーエンジンでは熱エネルギーから直接、回転運動の運動エネルギーを発生させることができる。

ロータリーエンジンは図のようにマユのような形をしたハウジング内に、おむすび形のローターが収められたもので、ローターとハウジングに囲まれた空間が3カ所ある。図では空間aだけの行程を説明しているが、残る2カ所の空間でも空間aとは別の行程が進行する。つまりローター1回転の間に3カ所の空間それぞれに燃焼・膨張行程がある。レシプロエンジンは燃焼・膨張行程以外の行程では、外部から運動エネルギーを供給する必要があるが、ロータリーエンジンでは他の空間で発生した運動エネルギーが回転運動であるため直接利用できる。

このため、効率のよいエンジンとなるのだが、燃焼が平べったい空間で始まるため、燃え拡がる距離が長く混合気が素早く燃えにくいといった問題や、ローターの頂点とハウジングの壁とのすき間を密閉することが難しいので燃焼ガスがすき間から逃げるという問題がある。

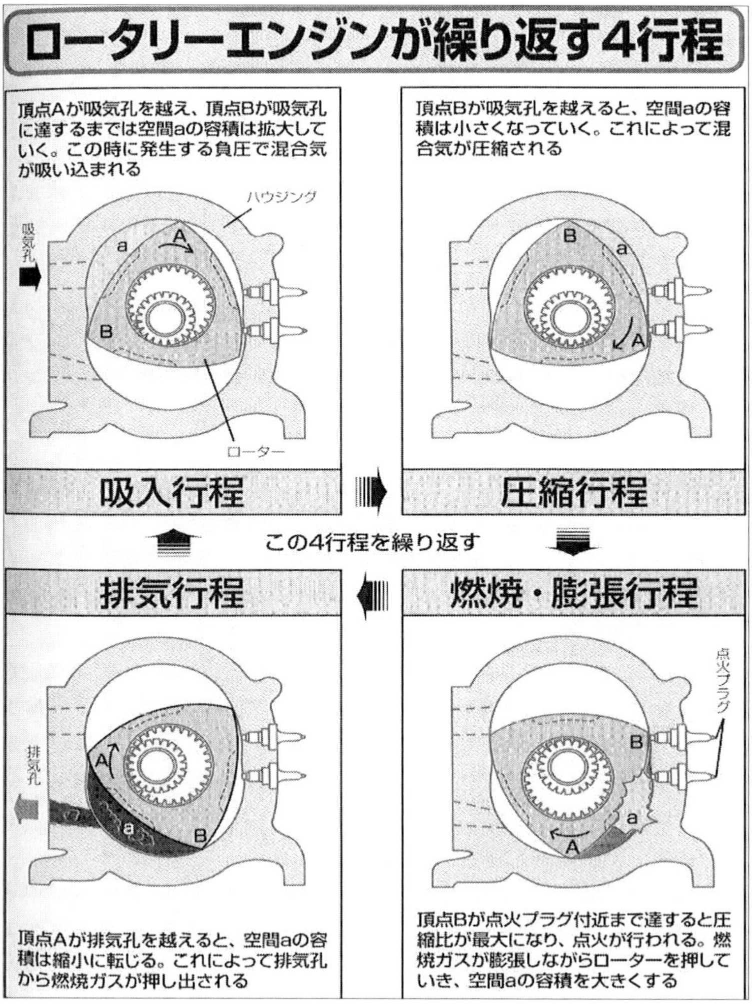

99. 運転免許証:

自動車を運転するのになぜ免許証がいるの! 自動車を運転するためには「運転免許証」が必要です。これを持たずに運転すると、いはんになってしまうのはなぜでしょうか。

自動車はきけん:

時速50キロで走る自動車と人がぶつかったら、どれくらいの力が人にかかると思いますか?計算してみると50トンもの力がかかるそうです。このように自動車はたいへんな力を持った乗り物です。だからこそ、自動車を運転するためには、交通ルールや運転の技術について勉強しなければならないのです。運転免許証は「きちんと勉強をすませた」という、証明書です。

免許を取る:

自動車を運転するための「普通免許」は18歳からとれます。バイクを運転するための「2輪免許」は16歳からとることができます。

自動車もバイクも、エンジンの力の大きさによって、必要な免許がちがいます。たとえば「普通免許」では、トラックやバスは運転できません。法律を守らずに運転すれば罪になります。いはんをくりかえすと、免許がなくなります。

レスト・ハウス (1)

図(ず)は ボデー外観(がいかん)と付属品(ふぞくひん)である。 部品(ぶひん)の名称(めいしょう)を例(れい)から選(えら)んで書(か)きなさい。

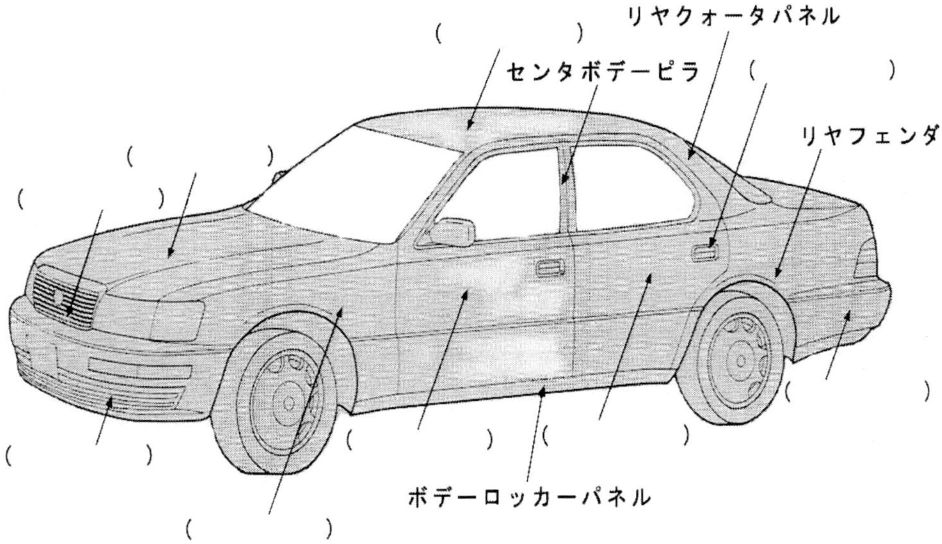

例(れい)： ①リヤバンパ ②フロントバンパ ③ラジエータグリル
④ドアハンドル ⑤フロントドア ⑥ルーフ
⑦リヤドア ⑧フロントフェンダ ⑨ボンネット

レスト・ハウス (2)

次は部品の役目である。説明に合う言葉を選びなさい。

1) エンジンは自力で始動できないので(　　　)で始動させる。

バッテリ	スターターモーター

2) スターターモータを回転させるための電源として(　　　　　)が用いられる。

発電機	バッテリ

3) ガソリン機関の点火方式には(　)点火法とマグネト点火法がある。

バッテリ	火打ち石

4) ガソリン機関の燃料はガソリンであり、ディーゼル機関の燃料は(　　　)である。

ディーゼル	軽油

5) ガソリン機関の点火の際には(　　　　)が必要である。

ノズル	プラグ

6) ディーゼル機関の基本的な構成はガソリン機関と同様であるが(　　　)と燃料供給装置相違がある。

着火方式	冷却方式

7) クラッチは(　　　)を伝える作用と断続する作用の 2 つの役目がある。

回転力	馬力

8) (　　　)はトランスミッションとディファレンシャルとの間のトルクを伝達する。

コンロッド	プロペラ軸

レスト・ハウス (3)

次のカタカナ語に対応する日本語を例から選びなさい。

1) エンジン(　　　　)
2) フライホイール(　　　　)
3) コンロッド(　　　　)
4) マフラー(　　　　)
5) バッテリ(　　　　)
6) ボデー(　　　　)
7) キャブレター(　　　　)
8) ラジエーター(　　　　)
9) ユニバーサル・ジョイント(　　　　)
10) スターターモーター(　　　　)
11) トランスミッション(　　　　)
12) ディファレンシャル(　　　　)
13) ステアリング(　　　　)
14) サスペンション(　　　　)
15) ブレーキ(　　　　)
16) スパークプラグ(　　　　)
17) トルク(　　　　)

例：	点火装置	回転力	機関	自在継手	連接棒	消音器
	畜電池	車体	気化器	冷却装置	はずみ車	始動装置
	変速機	差動装置	舵取り装置	懸架装置	制動装置	

レスト・ハウス (4)

次は操作用語である。説明に合う言葉を選びなさい。

1) 1馬力は75kg物体を1秒間に1m(　　)能力と定義されている。

引き伸ばす	持ち上げる

2) ピストンには圧縮リングと油リングが(　　)ている。

取り付け	はめられ

3) 弁はカム軸によって開き、弁ばねによって(　　)。

止まる	閉じる

4) アクセルペタルを(　　)と、気化器の絞り弁の開度が増加する。

差し込む	踏み込む

5) レバーを高速側に(　　　　)。

切りかえる	乗りかえる

6) 圧縮が(　　)なくて、内部はすかすかな状態のようだ。

足り	行か

7) 暑さでタイヤの空気が(　　)し、パンクした。

拡張	膨張

8) ( ) に く い こ と を 耐摩耗性が あ る と い う 。

擦り減り	折り曲げ

9) クランク軸を(　　)ば上下運動を回転運動に変換する ことができる。

用いれ	噛め

과학기술일원서 핵심문형 (5)

訳しなさい。

1. …が直面したところ①の重大な問題。

①「する→した＋ところ」→「～한 곳, ～한 부분」으로 번역할 경우도 있으나 여기서는 인간의 정신 활동의 표현이므로「ところ」의 번역은 생략한다.

2. 電線を調べてみたところ①、やはり電線が断絶したので、……。

①「見る→見た＋ところ」조사해 보았더니

3. 油が潤滑部にいきわたらなくなるので①、……。

①「いきわたる→いきわたらない＋なる＋ので」골고루 미치지 않기 때문에

4. 微細構造が明らかにされつつあり①、……。

①「にする→にされる＋つつある→~にされつつあり」밝혀지고 있고

5. オフィスコンピューターなどとして爆発的に普及しつつある①。

①보급하고 있다

6. 光合成は生物にとって①、無機物から有機物をつくる段階である②。

①「~にとって」~로서, ~에 있어서, 「私にとって 」나에게 있어 ②단계이다

7. 窓は不用のものになったかのようである①。

① 「ものに＋なる一ものになった＋か＋のよう＋である」창은 필요없는 물건이 된 것 같다(된듯하다)

8. …という化合物ができた①のである。

①「できる」할수있다. 생기다 「何人グループがいくつできるか」몇 사람 그룹이 몇 개 생길(만들어 질)까

9.一つの金属に他の金属を加えてできた①金属的物質で、

①「くわえる+できる」 다른금속을 더해서 생긴(만들어 진)

10.材料の選定が不適当であると①、目的の性能が得られなかったり②、

コスト高になるばかりでなく③、…①「である+と」 ~하면.~한즉 부적당하면 ②得る의 受身形・얻어 지지 않기도 하고 ③코스트가 비싸질 뿐만 아니라

11. プラスチックは鉄鋼材料並みに①取り扱われる。

①「なみに」 ~과 같은 수준으로, ~보다 못지않음, 푸라스틱은 철강재료와 같은 수준으로 취급된다

12. …が最初の位置からわずかだけずれればよく①、……。

①「わずか+だけ+ずれる→ずれれば+よく」 조금만 벗어나면 좋고(되고)

13. 溶接でいくつかつなぎ合わせて①一体のものとし、……。

①「つなぐ→つなぎ+合わせる」 이어 붙여

14. てんえんせいに富んでいるが①、弾みに乏しい②。

①「~にとむ」 ~가 풍부하다. 전년성은 풍부하지만 ②탄성이 부족하다

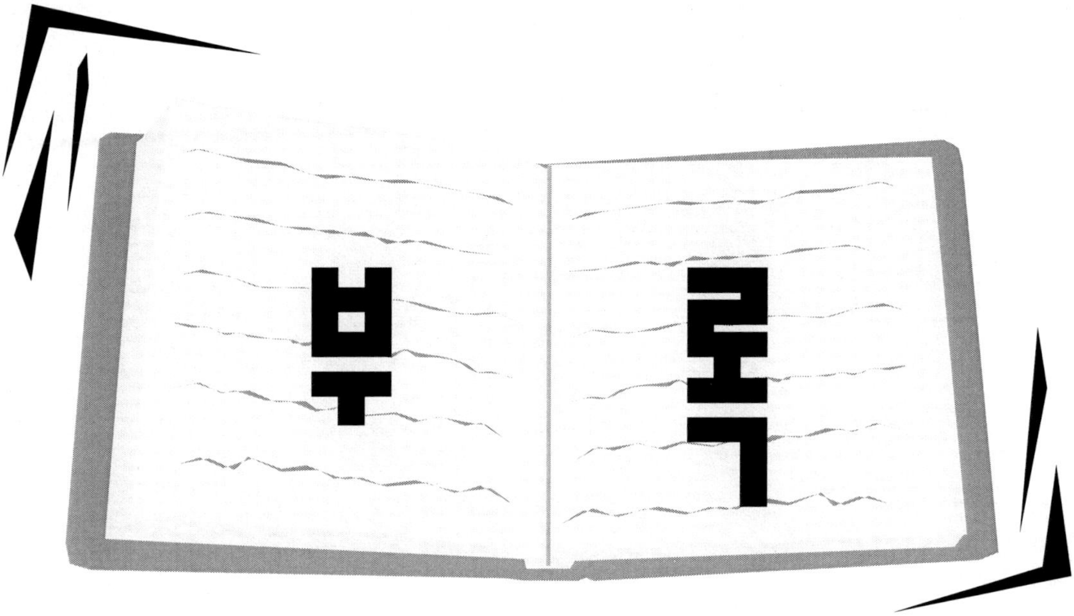
부 록

부록 1 혼동하기 쉬운 조사의 해석

と	~과(와)	ボルトとナット (볼트와 너트)
	~이, ~가	エンジニアとなる。(엔지니어가 되다.)
	~을(를)	社長と会う。(사장을 만나다.)
	~라고	これはセンサーと言う。(이것은 센서라고 한다.)
より	~보다	それよりこれがよい。(그것보다 이것이 좋다.)
	~부터, ~에서	大阪より東京まで (오사카에서 동경까지)
	~따라* ~의해	法律により, (법률에 따라) * 依るの 중지형
で	~으로	バイトで平面を削る。(바이트로 평면을 깎다.)
	~로	バネは鋼でできている。(스프링은 강으로 되어 있다.)
	~에서	学校で習う。(학교에서 배우다.)
	~때문에	病気で休む。(병 때문에 쉰다.)
	~에	後で行く。(나중에 간다.)
	~해, 해서* ~하며, 하고	読んで見る。(읽어 보다.) * 読む의て형
	~이고*	これは本で、あれは紙です。 * だ의 연용형 (이것은 책이고 저것은 종이입니다.)
て	하고, 하며 해서, 해*	測って見る。(재어 보다.) * 測る의 て형
ても	하여도, 해도*	測っても (재어도) * 測る의て형

でも	~해도* ~하여도	本を読んでも、わからない。 (책을 읽어도 알 수 없다.) * 読むの て형
	~라도	お茶でも一杯 (차라도 한 잔)
	~일지라도	子供でも知っている。 (어린아이일지라도 알고 있다.)
	하지만*	君が好きだ。でも結婚はだめ。*접속사 (너를 좋아한다. 하지만 결혼은 안 돼.)
	에서도*	明るい所でも見えない。* 부사 (밝은 곳에서도 보이지 않는다.)
だ	~이다*	これは本だ。(이것은 책이다.) * 조동사
	~했다* ~한	私は本を読んだ。(나는 책을 읽었다.) 私が読んだ本 (내가 읽은 책) * 読むの 과거
た	했다, 한*	見たことがある。(본 적이 있다.) * 見るの 과거
も	~도	私も行く。(나도 간다.)
	~이나, ~씩이나	りんごを五つも食べた。 (사과를 5개나 먹었다.)
	~하지도	泣きも笑いもしない。 (울지도 웃지도 않는다.)
に	~에(시간) ~에(장소)	6時に起きる。(6시에 일어나다.) 学校に行く。(학교에 가다.)
	~으로	食事は何にするか。 (식사는 무엇으로 할까.)
	~이, ~가	先生になる。(선생님이 되다.)
	~하러	遊びに行く。(놀러 가다.)
	~에게, ~한테	先生に叱られる。 (선생님에게 꾸중듣다.)

の	~의	私の本 (나의 책)
	~이, ~가	先生の行く所 (선생님이 가시는 곳)
	~의 것	これは私のです。(이것은 내 것입니다.)
	소속	ソウルの大学 (서울에 있는 대학)
が	~이, ~가	りんごが落ちる。(사과가 떨어지다.)
	~을(를)	りんごが好きだ。(사과를 좋아한다.)
	~지만	雨も降るが風も吹く。(비도 오지만 바람도 분다.)
へ	~으로	東へ進む。(동쪽으로 전진한다.)
	~에	学校へ行く。(학교에 간다.)
	~에게·~께	田中先生へ。(다나카 선생님께.)

부록 2 동사의변형과 해석

1) 5단동사의 변형과 해석

待(ま)つ

- たない(待たない) : (기다리지 않는다, 기다리지 않을, 기다리지 않는) : 미연형
- とう(待とう) : (기다리자, 기다리세) : 미연형
- たせる(待たせる) : (기다리게 하다, 기다리게 할, 기다리게 하는) : 사역형
- たれる(待たれる) : (기다리게 되다, 기다리게 될, 기다리게 되는) : 수동형
- ちます(待ちます) : (기다립니다, 기다리겠습니다) : 연용형
- ちたい(待ちたい) : (기다리고 싶다, 기다리고 싶은, 기다리고 싶을) : たい형
- つ (기다리다) : 종지형
  - か(待つか) : (기다릴까)
  - が(待つが) : (기다리나)
  - とき(待つとき) : (기다릴 때) : 연체형
  - と(待つと) : (기다리면, 기다린즉, 기다리니) : 조건형
- てば(待てば) : (기다리면) : 가정형
- てる(待てる) : (기다릴 수 있다, 기다릴 수 있는, 기다릴 수 있을) : 가능형
- て(待て) : (기다려) : 명령형
- って(待って) : (기다려, 기다려서, 기다리고) : て형
- った(待った) : (기다렸다, 기다린) : 과거형
- ったり(待ったり) : (기다리기도 하고, 기다리기도 할, 기다리기도 하는) : たり형

2) 1단동사의 변형과 해석

開(あ)け ─ る

─ られる(開けられる) : (열게 되다, 열게 될, 열게 되는)
: 수동형

─ られる(開けられる) : (열 수 있다, 열 수 있는, 열 수 있을)
: 가능형

─ させる(開けさせる) : (열게 하다, 열게 할, 열게 하는)
: 사역형

─ れば(開ければ) : (열면) : 가정형

る ─ (열다) : 종지형

─ と(開けると) : (여니, 연즉, 열면) : 조건형

─ か(開けるか) : (열까) : 의문형

─ が(開けるが) : (열지만, 여나)

─ のが(開けるのが) : (여는 것이)

└ とき(開けるとき) : (열 때) : 연체형

─ ない(開けない) : (열지 않는다, 열지 않을, 열지 않는) : 미연형

─ よう(開けよう) : (열자, 여세) : 미연형

─ ます(開けます) : (엽니다, 열겠습니다) : 연용형

─ たい(開けたい) : (열고 싶다, 열고 싶은, 열고 싶을) : たい형

─ て(開けて) : (열고, 열어, 열며) : て형

─ ても(開けても) : (열어도) : 가정의 조건

─ ては(開けては) : (열고서는)

─ てから(開けてから) : (열고 나서, 열고서)

─ ながら(開けながら : (열면서)

─ た(開けた) : (열었다, 연) : 과거형

─ たり(開けたり) : (열기도 하고, 열기도 할, 열기도 하는)
: たり형

└ たら(開けたら) : (열면, 연즉, 여니) : 가정형

3) サ행 변격동사의 변형과 해석

- しない：(하지 않다, 하지 않는, 하지 않을)：미연형
- しよう：(하자, 하세)：미연형
- される：(하게 되다, 하게 되는, 하게 될)：수동형(존경)
- させる：(시키다, 시키는, 시킬)：사역형
- します：(합니다, 하겠습니다)：연용형
- する —(하다)：종지형
  - とき(するとき)：(할 때)：연체형
  - と(すると)：(한즉, 하면, 하니)：조건형
  - か(するか)：(할까)：의문형
  - が(するが)：(하지만, 하나)
  - ために(するために)：(하기 위해)
- すれば：(하면)：가정형
- できる：(할 수 있다, 할 수 있는, 할 수 있을)：가능형으로 씀
- して：(해서, 해, 하며)：て형
- しても：(해도)
- しては：(해서는)
- してから：(하고 나서)
- してくれる：(<남이 나에게> ~해주다, 해주는, 해줄)
- してやる：(<내가 남에게> ~해주다, 주는, 줄)
- してしまう：(~해 버리다, 해 버리는, 해 버릴)
- しておく：(해 두다, 해 두고, 해 둘)
- している：(하고 있다, 하고 있는, 하고 있을)
- した：(했다, 한)：과거형
- したい：(하고 싶다, 하고 싶어 할, 하고 싶어하는)：たい형
- したり：(하기도 하다, 하기도 하는, 하기도 한)：たり형
- したら：(하면, 하거든, 한즉, 하니)：가정형

4) カ행 변격동사의 변형과 해석

- **こない**：(오지 않는다, 오지 않는, 오지 않을) : 미연형
- **こよう**：(오자) : 미연형
- **こられる**：(오게 되다, 오게 될, 오게 되는) : 수동형(존경)
- **こられる** : (올 수 있다, 올 수 있을, 올 수 있는) : 가능형
- **こさせる**：(오게 하다, 오게 할, 오게 하는) : 사역형
- **くる** (오다) : 종지형
  - **とき**(くるとき) : (올 때) : 연체형
  - **と**(くると)：(오면, 온즉, 오니) : 조건형
  - **か**(くるか)：(올까) : 의문형
  - **が**(くるが)：(오지만)
  - **のが**(くるのが)：(오는 것이)
  - **のに**(くるのに)：(오는데)
  - **のを**(くるのを)：(오는 것을)
  - **のは**(くるのは)：(오는 것은)
  - **ので**(くるので) : (오므로, 오기 때문에)
- **くれば**：(오면) : 가정형
- **きます**：(옵니다, 오겠습니다) : 연용형
- **きて**：(와서, 와) : て형
- **きても**：(와도)
- **きてから** : (오고 나서)
- **きた**：(왔다, 온) : 과거형
- **きたい**：(오고 싶다, 오고 싶을, 오고 싶은) : たい형
- **きたり**：(오기도 하고, 오기도 하는, 오기도 한) : たり형
- **きたら**：(오면, 오거든, 온즉, 오니) : 가정형
- **きながら**：(오면서)

부록 3 동사의 부정과 해석

1) 「**ない**」의 경우

동사의 부정으로는「ない」·「ぬ」·「ず」 등이 있으나 일 반적으로「ない」가 가장 많이 쓰이고 변형이 많다.

動(うご)く

- かない ：(움직이지 않는다, 움직이지 않을, 움직이지 않는)
- かなかった ：(움직이지 않았다)
- かなかったら ：(움직이지 않으면)
- かなくなる ：(움직이지 않게 되다)
- かなくて ：(움직이지 않아서)
- かなくては ：(움직이지 않아서는)
- かなくても ：(움직이지 않아도)
- かないとき ：(움직이지 않을 때)
- かないで ：(움직이지 않고 <움직이지 말고>)
- かなければ ：(움직이지 않으면)

2) 「**ぬ**」·「**ず**」·「**ん**」의 경우

「ぬ」의 활용에는「ず」·「ん」이 있으며 문장체에서는「ぬ」、일상어에서는「ん」을 가끔 쓰는 경우가 있다.

帰(かえ)る

- 帰らぬ ＝ (帰らない) (돌아오지 않는다, ~않을, ~않는) : 기본형
- 帰らん ＝ (帰らない) (돌아오지 않는다)
- 帰らず ＝ (帰らないで) (돌아오지 않고<서>) : 연용형
- 帰らずに ＝ (帰らないで) (돌아오지 않고<서>) : 연용형
- 帰らねば ＝ (帰らなければ) (돌아오지 않으면) : 가정형

低下(ていか)(する)
- 低下せぬ　＝　（しない）　(저하하지 않는다)
- 低下せずに　＝　（しないで）　(저하하지 않고)
- 低下せねば　＝（しなければ）　(저하하지 않으면)

(くる)
- こぬ　＝（こない）　(오지 않는다, ~않을, ~않는)
- こずに　＝（こないで）　(오지 않고<서>)
- こねば　＝（こなければ）　(오지 않으면)

부록 4 형용사의 변형과 해석

寒(さむ)い : (춥다, 추울, 추운)

- く : (춥게, 춥고)
- くて : (추워서, 추워)
- くても : (추워도)
- くては : (추워서는)
- くない : (춥지 않다, 춥지 않을, 춥지 않은)
- くなければ : (춥지 않으면)
- くなければならない : (춥지 않으면 안 된다.)
- くなる : (추워지다, 추워질, 추워지는)
- くなると : (추워지면, 추워진즉)
- くならない : (추워지지 않는다. 추워지지 않을, 추워지지 않는)
- くならなければならない : (추워지지 않으면 안 된다.)
- くなったら : (추워지면, 추워진다면)
- ければ : (추우면)
- かった : (추웠다, 추웠던, 추웠을)
- かったら : (춥거든, 추운즉, 추우면)
- かったり : (춥기도 하고)
- さ : (추위)
- け : (오한)
- がる : (추워하다)

寒 —
- そう : (추운 듯한, 추운 것 같은)
- そうに : (추운 듯이, 추운 것 같이)

부록 5 혼동하기 쉬운 접속사와 부사

また	또한 (접)	打ち方もよいし、**また**マナーもよい。 (타법도 좋고 또한 매너도 좋다.)
	또 (부)	今度のプレーも**また**敗れた。 (이번 경기도 또 졌다.)
なお	더욱이, 더구나 (접)	先日はお世話になりました。**なお**結構なおみやげまで… (일전에는 폐가 많았습니다. 더구나 좋은 선물까지…)
	여전히, 아직, 한층, 더욱 (부)	老いても**なお**元気です。 (늙었어도 여전히 건강합니다.)
あるいは	혹은, 또는, 때로는 (접) =または、もしくは	登山**あるいは**海水浴にいく。 (등산 혹은 해수욕하러 간다.)
	어쩌면, 혹시 (부) =もしかすると	私も**あるいは**行くかも知れない。 (나도 어쩌면 갈지도 모른다.)
けれども	그러나, 그렇지만, 하지만 (접)	お金はある。**けれども**暇がない。 (돈은 있다. 그러나 시간이 없다.)
	~이나, ~이지만, ~는데 (조)	顔は美しい**けれども**心はよくない。 (얼굴은 예쁘지만 마음씨는 좋지 않다.)
そこで	그래서, 그런데 (접)	雨があがった。**そこで**出発することにした。 (비가 그쳤다. 그래서 출발하기로 했다.)
	거기에서 (조)	釣に行った。**そこで**水泳もした。 (낚시하러 갔다. 거기서 수영도 했다.)

それで	그래서 ㉨	ぼくがわるかった。**それで**おわびした。 (내가 잘못했다. 그래서 사과했다.)
	그것으로 ㉦	父から千円もらった。**それで**本を買った。 (아버지로부터 천 원 받았다. 그것으로 책을 샀다.)
それに	게다가, 그위에 ㉨	頭が痛い。**それに**風邪気もある。 (머리가 아프다. 게다가 감기기도 있다.)
	그것에, 거기에 ㉦	机の上に白い紙があった。**それに**落書した。 (책상 위에 흰 종이가 있었다. 거기에 낙서를 했다.)
でも	그러나 ㉨	今日は日曜日だ。**でも**仕事に行く。 (오늘은 일요일이다. 그러나 일하러 간다.)
	~에서도 ㉦	猫はくらい所**でも**目が見える。 (고양이는 어두운 곳에서도 볼 수 있다.)
では	그럼, 그러면 그렇다면 ㉨	もう6時だ。**では**起きよう。 (벌써 6시다. 그러면 일어나자.)
	~에서는 ㉦	こんな所**では**休めない。 (이런 곳에서는 쉴 수 없다.)

부록 6 科学技術日本語の使い分け

科学技術日本語案内(創知社)에서 발취

※　程度、量の表すとき

「極めて、極端に、少し大きい、やや少ない、やや低い、多少大きめ」… 使う。

「とても、とほうもなく、比べようもなく」……………………………… 使わない。

※　数量のあいまいさの表現

「ほぼ～、およそ～、約～、～程度、～前後、～ほど」………………… 使う。

「～位」…………………………………………………………………… 使わない。

※　程度のあいまいさの表現

「ほぼ～、比較的～、～程度」………………………………………… 使う。

「割合～」………………………………………………………………… 使わない。

※　変化の傾向を表す場合

「～一方です。」…………………………………………… あまり使用しない。

「～一方、～」……………………………………………………… 使用する。

※　二つのものの違いを説明する場合

「～は～と違い。」……………………………………………………使わない。

「～は～と異なり、」…………………………………………………使う。

「～(と)の違いは～」「～(と)の差は～」…………………………………使う。

※　類似の表す場合

「両方とも」…………………………………………………………使用しない。

「ともに」……………………………………………………………使用する。

※　原因、理由の表現

「～から～、～ので～、～ため～、～により」……………………使用する。

「おかげで、せいで」………………………………………………使用しない。

※　前文を受けるとき（結果に重点がある場合）

「それは」………………………………………………………… 使用しない。

「これは」………………………………………………………… 使用する。

※　図、表、式に基づいて判断の結果を述べる場合

「～より、～から、」…………………　「～より、」の方が多く使用する。

※　構成·列挙の場合

「～と、～および～、～、～」………………………………… 使用する。

「そして」………………………………………………………… 使用しない。

※　複数の強調の場合

「複数、多くの」……………………………………………………… 使う。

「～達、～ら」………………………………………………… 使用しない。

※　どちらかを示す場合

「あるいは、または」………………………………………………使う。

「か、もしくは」……………………………………………………用いない。

※　図、表、式を提示する前に

「~で示すと、~で示せば、~で表すと、~で表せば」……… 使用上の区別はない。

※　仮定･条件の表現

「~たら、~なら」…………………………………………あまり使用しない。

「~とすると、~とすれば、~場合、~ば、~とき」……………… 多く使われる。

※　状態を変化させる場合

「変化させる」……………………………………………… 使用しない。

「~に変える」「変換する」………………………………… 使用する。

※　状態になる場合

「高くなる」……………………………………………………… 使う。

「高まる」……………………………………………………… 使わない。

※　変化の過程の表す場合

「~てくる。」………………… 書き手が望んでいる状態に変化したとき。

「~ていく。」……………… 書き手が望んでいない状態に変化したとき。

※　ある一つの変化により別の変化が起ることを表す場合

「動詞につく場合」は ……………「~につれて、~にしたがって」を用いる。

「名詞につく場合」は ……… 「~に伴い、~に伴って、~とともに」を用いる。

※　縮約形の言葉

「一定でなきゃ」……………………………………………… 使わない。

「一定でなければ」……………………………………………… 使う。

※　文章の決まる場合

「～です。、～ます。」……………………………………………… 使わない。

「～である。、動詞基本形、大きい。」……………………………… 使う。

「大きいです。」……………………………………………………… 使わない。

※　専門用語の場合

「水の圧力」………………………………………………………… 使わない。

「水圧」………………………………………………………………… 使う。

「私の実験結果」…………………………………………………… 使わない。

「本試験結果」……………………………………………………… 使う。

※　他の資料による場合

「～によれば」……………………………………………………… 使う。

「～によると」……………………………………………………… 使わない。

부록 7 「である」의 활용 예문과 번역 예

~である。

- きわめて重要な現象**である。**

지극히 중요한 현상**이다**.

- 「作用と反作用」と言うのは運動の第三法則の説明**である。**

「작용과 반작용」이라는 것은 운동의 제 3법칙의 설명**이다**.

~である~ 。

- 生産は、生産主体**である**人間が生産手段を用いて…。

생산은, 생산주체**인** 인간이 생산수단을 이용해서….

- 形体の軸線は、真直**である**必要はない。

형체의 축선은, 직진**일** 필요는 없다.

- 例えば「女性」対して、その対立概念**である**「男性」は、…。

예를 들면, 여성에 대해 그 대립개념**인** 남성은….

ものである。

- 特別な性質を付与させた**ものである。**

특별한 성질을 부여시킨 **것이다**.

- 温度という概念は私たちになじみの深い**ものである。**

온도라는 개념은 우리들에게 매우 친숙한 **것이다**.

- 基礎式を導くために行った**ものである**

기초식을 유도하기 위해 실행한 **것이다**.

~ないのである。

- 真空管がなければ強力な電波は出しようが**ないのである。**

  진공관이 없다면 방송과 같은 강력한 전파는 발생시킬 리가 **없을 것이다.**

- 方程式が代数的に解けたことを指しているのでは**ないのである。**

  방정식이 대수적으로 풀렸다는 것을 지적하고 있는 것은 **아닌 것이다.**

~はずである。~わけである。~ようである。

- 空気のないところでは、物質を燃やすことができない**はずである。**

  공기가 없는 곳에서는 물질을 태울 **수 없을 것이다.**

- サイコロの5の目は6回に1回の割合で出る**はずである。**

  주사위의 5의 눈은 6번에 1번꼴로 **나올 것이다.**

- 自由さの数だけの多種多様な多値論理が存在しうる**わけである。**

  자유의 수만큼의 여러가지의 다치논리가 존재할 수 있을 **것이다.**

- 速度が速ければ、小さい装置ですむ**わけである。**

  속도가 빠르면, 작은 장치로 **족하다.**

- 窓は不用のものになったかの**ようである。**

  창문은 쓸모 없는 것이 **된 듯하다.**

~するのである。~いるのである。

- その証明はともかく存在することは**するのである。**

  그 증명은 어쨌든 존재하기는 **하는 것이다.**

- 直流と交流が入り混じっていろいろの仕事をして**いるのである。**

  직류와 교류가 뒤섞여 여러 가지 일을 하고 **있는 것이다.**

~であろう。~であろうか。~であろう~ 。~であろうが~ 。

- たしかに任意に与えられた量より小さくなっていく**であろう**。

  틀림없이 임의로 주어졌던 양보다 적어져 **가겠지(갈거야)**.

- 先ほどの場合を含むことは明らか**であろう**。

  조금 전의 경우를 포함하는 것은 분명**할 거야(하겠지)**.

- 模型機関車では鉄鋼材料がどのように使われている**であろうか**。

  모형기관차에서는 철강 재료가 어떻게 사용되고 **있는 것일까?**

- これは無視できない現象とはいえない**であろうか**。

  이것은 무시할 수 없는 현상이라고는 말 할 수 **없는 것일까**.

- 部材が受ける**であろう**最大荷重を想定して寸法を決める。

  부재료가 **받을** 최대하중을 예상해서 치수를 정한다.

~ためである。~ことである。~からである。

- 直線は比で表現されるといっても同じ**ことである**。

  직선은 비율로 표현된다고 해도 같은 **뜻이다**.

- 進化が始まり、しかも生命の連続性を保っている**ことである**。

  진화가 시작되고, 게다가 생명의 연속성을 유지하고 있는 **점이다**.

- 電気は昔からエネルギーとして利用されていた**からである**。

  전기는 옛날부터 에너지로서 이용되고 있었기 **때문이다**.

- 温度上昇にともなって体積が大きくなる**からである**。

  온도 상승과 함께 체적이 커지기 **때문이다**.

~であるので~ 。~であるため~ 。

- この区間内では仕事の処理順序は同じ**であるので**、全仕事をこの順に並べなおす。

이 구간 내에서는 일의 처리순서는 같기 **때문에** 모든 일을 이 순서로 재배열한다.

•とくに1台の機械におけるスケジューリング問題**であるので**、1機械スケジューリング問題という。

특히 기계 1대에 대한 스케줄링(scheduling) 문제이기 **때문에**, 1기계 스케줄링 문제라고 한다.

• 科学技術日本語では、「より」と「から」に使用上の区別はないが、「より」の方が書き言葉**であるため**多く使用する。

과학기술일본어에서는, 「より」와「から」에 사용상의 구별은 없지만, 「より」쪽이 文語체**이므로** 많이 사용한다.

~であるから~ 。~であるが~ 。~であると~ 。~であるとも~。~であれば~ 。

•同じ原子どうしの結合はその差が0**であるから**、100%共有結合とみなす。

같은 원자끼리의 결합은 그 차가 0**이기 때문에**, 100%공유결합으로 간주한다.

• 非常に困難**であるが**、普通の表現をかりると…

매우 곤란**하지만**, 보통의 표현을 빌리면…

• 様々の工夫をこらしてきた**のであるが**、それでも…

다각적인 방안을 모색해 **왔지만**, 그러함에도 …

• すなわち線形**であるところから**線形計画法と呼ばれる。

즉 선형**이라는 점에서** 선형설계법이라 한다.…

すなわち線形**であるところから**線形計画法と呼ばれる。

즉 선형**이라는 점에서** 선형설계법이라 한다.

•ディーゼルエンジン本体の構造は、ガソリンエンジンとほとんど同一**であることから**、これらの整備作業の手順は…

디젤 엔진 본체의 구조는 가솔린엔진과 거의 동일**하다는 점에서**, 이들의 정비작업의 순서는…

• 材料の選定が不適当**であると**、目的の性能が得られなかったり…

재료의 선정이 부적당**하면**, 원하는 성능이 얻어지지 않기도하고 …

• 何も知らないでスイッチを押すだけ**であると**、それを傷めたり、危険発生したりするおそれがある。

아무것도 모르는 채로 스위치를 누르기만 **하면**, 그것을 손상시키거나, 위험이 발생하기도 할 우려가 있다.

• 電流が一定**であるとすると**、電圧は抵抗に比例する。

전류가 일정**하면(하다고 한다면)**, 전압은 저항에 비례한다.

• いくら式が複雑**であろうとも**、それが数学模型となっていれば解ける。

아무리 식이 복잡 **하더라도** 그것이 수학모형으로 되어 있으면 풀린다.

•気圧が1気圧以下**であれば**、水は温度が100℃以下で沸騰する。

기압이 1기압 **이하이면**, 물은 온도가 100℃이하에서 끓는다.

~であった。~であったが。~であったが~であった。

• それにもとづいて決めなければならないといった最初の人**であった。**

그것에 근거해 결정하지 않으면 안된다고 한 최초의 사람**이었다**.

• それは十八世紀の人々が直面したところの重大な問題**であった。**

그것은 18세기의 사람들이 직면했던 중대한 문제**였다**.

• 最初温度は76℃**であったが**、24時間ぐらい経過後も76℃**であった**。

최초온도는 76℃**였는데**, 24시간정도 경과 후에도 76℃여**였다**.

~であり、~である。

•無機物から有機物をつくる最初の段階**であり**、きわめて重要な現象**である**。

무기물에서 유기물을 만드는 최초의 단계**이며** 지극히 중요한 현상**이다**.

- 合板は層状複合材料**であり**、その素材**である**木材とはちがって板面内での特性が一様な材料**である**。

  합판은 층상복합재료**이며**, 그 소재**인** 목재와는 달리 판면내의 특성이 동일한 재료**이다**.

- ここで得られる解は、制約条件や目的関数**である**費用利益の算定が正確**であると**いう前提の下での解**であり**、それが本当に最適解**であると**いう保証はない。

  여기서 얻어지는 해석은 제약조건이나 목적함수**인** 비용이익의 산정이 정확**하다**라는 전제하의 해석**이고**, 그것이 진정한 최적해**라는** 보증은 아니다.

～であって～であり、～。
～であっても(であったりしても)～であり、～。

- 金属は良伝導体**であって**熱伝導度は100W/m ·K以上**であり**、一般の固体は1~10W/m · K程度**である**。

  금속은 양전도체**이고** 열전도도는 100W/m・K이상**이며**, 일반 고체는1~10W/m・K 정도**이다**.

- 最新鋭自動機**であっても**(であったりしても)、優れたシステム**であっても**(であったりしても)、設備は設備**であり**、生産の道具に過ぎない。

  최신예 자동기라 **할지라도,** 우수한 시스템**일지라도** 설비는 설비이고, 생산 도구에 지나지 않는다.

～であれ～であれ～である。～でもある。～ではある。

- パーソナル**であれ**オフィスで**あれ**スーパ**であれ**、コンピュータの基本は人間**である**。

  퍼스널컴퓨터**이건** 오피스컴퓨터**이건** 슈퍼컴퓨터**이건** 컴퓨터의 기본은 인간**이다**.

- ボディは人や荷物を収容する部分で、自動車の外観**でもある**。

  보디는 사람이나 화물을 수용하는 부분이며 자동차의 외관**이기도 하다**.

INDEX

か

き

く

け

こ

が

ぎ

ぐ

げ

ご

さ

し

す

せ

そ

ざ

じ

ず

ぜ

ぞ

た

ち

つ

て

と

だ

で

ど

な

に

ひ

も

や

ゆ

よ

ら

り

る

れ

ろ

わ

공업일본어 원서

초 판 발 행 | 2010년 2월 25일
초판4쇄발행 | 2014년 1월 20일

저 자 | 이교원

발 행 인 | 이성범
발 행 처 | 문운당
주 소 | 서울시 종로구 혜화로5길 16 (명륜1가 45-3)
출판등록 | 1962년 7월 4일 제 1-139
전 화 | (02)762-6010
팩 스 | 영업 (02)745-0265 / 편집 (02)762-8758
홈페이지 | http://munundang.co.kr
이 메 일 | munun2@chol.com

ISBN 978-89-7393-635-9 93730

정가 16,000원